MERIAN live!

Vierwaldstätter See und Luzern

Werner Skrentny

GU GRÄFE UND UNZER

Begehrter Platz zum Sehen und Gesehen werden: das Reussufer in Luzern

Inhalt

Willkommen am Vierwaldstätter See

Den Vierwaldstätter See erleben

Sehenswerte Orte und Ausflugsziele

Routen und Touren

Wichtige Informationen

Karten und Pläne

Ein majestätischer See, Berge, Dampfschiffe, Folklore und jede Menge Wilhelm Tell: Der Vierwaldstätter See gilt als Spiegelbild der Schweiz schlechthin.

Wer einige Zeit dort war und wieder wegfährt vom See, wird viele schöne Eindrücke mitnehmen, vor allem aber, wenn er's denn richtig gemacht hat und des öfteren die **Schiffahrt** in Anspruch nahm (so wie vielleicht zu Hause das Auto, Bus oder Rad), vor allem dann wird ihm der Ausruf des Schiffspersonals im Ohr bleiben: »Abfahrt, uff Herte'stei', Weggis, Pfitznau, Becke'ried!« Wer zusteigt, weiß eigentlich, wo er hin will, doch vermittelt die lautstarke Information durch das Personal Bodenständigkeit, Dienstfertigkeit, Höflichkeit und auch Geschäftstüchtigkeit – Eigenschaften, die man den Innerschweizern zuschreibt. Der Gast jedenfalls fühlt sich wohlbehütet! Im übrigen spürt man die Nähe des Südens, eine gewisse Leichtigkeit. Luzern kann an sonnendurchfluteten Tagen durchaus italienisch wirken.

Geographie und Geologie

Die Kurse der Schiffahrtsgesellschaft für den Vierwaldstätter See, der SVG, sind die ange-

Eine Landschaft wie ein Traum: der Vierwaldstätter See aus der Vogelperspektive

nehmste Art und Weise, sich in dieser Region zu bewegen, deren Mittelpunkt der **fünftgrößte See der Schweiz** darstellt: 113,8 Quadratkilometer groß, 38 Kilometer lang (früher hieß das: »8 Stunden lang«), bis 4 Kilometer breit, mit der tiefsten Stelle von 214 Meter zwischen Beckenried und Gersau und einer mittleren Tiefe von 104 Metern, schließlich 437 Meter über dem Meeresspiegel. Gespeist wird der See vor allem von der **Reuss**, die bei Flüelen einmündet und ihn in Luzern wieder verläßt (an den Quais dort gibt es allerhand lauschige Plätzchen). Weitere wesentliche Zuflüsse sind die **Muota** (bei Brunnen), die **Engelberger Aa** (bei Buochs) und die **Sarner Aa** (bei Alpnachstadt).

Der Vierwaldstätter See liegt teils in **Kalkstein**, teils in **Nagelfluh** und **Sandstein**. Eine Ost-West-Trennungslinie verläuft vom Vitznauer Stock über den Bürgenstock und Lopper zum Pilatus: Nördlich dieser Linie herrscht Sandstein und Nagelfluh vor, südlich davon Kalkstein. Die Erhebungen im Luzerner Umland, bis Küssnacht und in Richtung Hergiswil, weisen ein Sandstein-Mergel-Gebilde auf und zeigen ein Gemisch von Nagelfluh.

Ein See mit vielen Gesichtern

Faszinierend ist die ständig wechselnde Landschaft, in die der See eingebettet ist, wobei der 12 Kilometer lange **Urner See** im Kanton Uri als der schönste Teil des Vierwaldstätter Sees

Bergbauer beim Beckenrieder Älplerfest

gilt: eine fjordartige Landschaft mit steilen Felswänden, gefährlich für die Schiffahrt, wenn der Föhnwind weht – »ich locke den Schläfer, ich zieh ihn herein«, heißt es bei Schiller.

Zwischen Rigimassiv und Nidwalden schließt sich das 15 Kilometer lange Becken des **Gersauer Sees** an, ehe dann mit den beiden sogenannten Nasen von Vitznauer Stock und Bürgenstock die engste Stelle des Sees erreicht wird, nur 825 Meter breit. Der folgende **Weggiser See** erstreckt sich über 8 Kilometer zwischen Rigi und Bürgenstock, ehe drei weitere Becken abzweigen: Nordöstlich der **Küssnachter See**, südwestlich der **Hergiswiler See** (der Lopperfelsen als Pilatusausläufer erlaubt nur eine schmale Durchfahrt an der Acheregg zum **Alpnacher See**), nordwestlich der **Luzerner See** mit der größten Stadt der Region an seinen Ufern. **Luzern**, die »Fremdenstadt«, ist eines der meistbesuchten Ziele in der Schweiz; man nähert sich ihr am besten mit dem Schiff über den See, ein unvergeßlicher Eindruck. Die Seearme bilden ein schiefes Kreuz, Seetrichter genannt, der als Ort vieler Schiffsunfälle berühmt-berüchtigt ist.

Wo Tell allgegenwärtig ist

Die Gipfel von **Rigi** und **Pilatus**, die mit insgesamt fünf Berg- und Seilbahnen längst dem Massentourismus und nicht mehr nur bergtüchtigen Wandersleuten erschlossen sind, hatten die Reisenden zuerst angezogen. Angesichts der Schönheit der Landschaft hätte die Natur allein auch ausgereicht, um »im Geschäft« zu bleiben.

Zusätzlich aber führt die Region, vertreten z. B. im Signet des Zentralschweiz-Tourismus (wie der Verkehrsverband seit 1994 heißt), einen Nationalhelden ins Feld: **Wilhelm Tell**, den Schillers Schauspiel 1804 vollends populär machte. Der Schwabe **Schiller** war dabei nie am Vierwaldstätter-See. Er kannte Goethes Reisetagebücher (1775: »Gegen zwei den Rütli über, wo die drei Tellen schwuren, Drauf an der Tellenplatte... 4 Uhr in Altdorf, wo er den Apfel abschoß«), studierte Karten, Ansichten und die einschlägige Literatur, ließ sich von Frau Charlotte, die die Schweiz kannte, berichten. Daß der Tell am See gelebt und sich gegen den Tyrannen aufgelehnt hat, dafür haben die Historiker keinen Beleg gefunden: So, wie er in der Überlieferung dargestellt wird, hat es ihn nie gegeben. Wohl aber war die Sage vom Freiheitskämpfer Wilhelm Tell schon im 15. Jahrhundert bekannt und schuf einen Mythos, der vor allem im 19. Jahrhundert auflebte. Fest steht allerdings, daß an den Ufern des Sees »die schweizerische Freiheit gegründet wurde«: Die Urkantone Uri, Schwyz und Unterwalden, letzteres nun aus den Halbkantonen Ob- und Nidwalden bestehend, schlossen 1291 den ersten **Bund der Eidgenossen**, die Keimzelle der heutigen Schweiz. Später kam Luzern hinzu, so daß es drei »Waldstette« und eine »Stette« waren, woher der Vierwaldstätter See seinen Namen bekam.

Der Tell jedenfalls ist allgegenwärtig in Form vielerlei Erinnerungsstätten und Denkmälern, seien es nun **Tellskapelle, Hohle Gasse** oder **Rütliwiese**. Zu guter Letzt hat nun die Fremdenverkehrs-Organisation ihr Touristenticket Regionalpaß auch noch in »Tell-Pass« umbenannt.

Der Vierwaldstätter See – ein Spiegelbild der Schweiz

All das, was Besucherinnen und Besucher von der Schweiz erwarten, wird hier geboten: Viel Natur, Älplerfeste und Käseläden, grüne Matten und schroffe Berge, teils auf abenteuerlichen Routen berganstrebende Gipfelbahnen, dazu touristische Dienstleistungen aller Art, von der Dorfführung bis zur Postkutschenfahrt über den Gotthardpaß. Der Fremdenverkehr am Vierwaldstätter See hat Tradition, man ist auf soliden Service eingestellt, und als erfreulicher gastronomischer Trend darf registriert werden, daß auch regionale Gerichte wieder häufiger in den Speisekarten zu finden sind, denn neben Fondue und Röschti gibt es noch allerlei Spezielles wie Suure Mocke (Sauerbraten) oder Kügelipastete.

Kulturelle Höhepunkte

Schlechtwetter stellt auch kein Problem dar, verfügt diese kulturhistorisch so reiche Landschaft doch über viele sehenswerte **Museen**, wobei das Verkehrshaus der Schweiz in Luzern fraglos die größte Attraktion bedeutet. Es lohnt, auch weniger bekannte Ausstellungen aufzusuchen, so das Goldauer Bergsturzmuseum, die Rosenburg in Stans oder Küssnachts Heimatmuseum. Die Zahl sehenswerter **Baudenkmäler** ist beträchtlich, viele wichtige Kirchenbauten, Burgruinen in Küssnacht und Attinghausen, das zierliche Weiherschlößchen A Pro von Seedorf und, bewegt man sich weiter vom See weg, natürlich die Zuger Altstadt und das Kloster Einsiedeln.

Bei alledem hat man nie den Eindruck, hier finde Massentourismus statt: Das verläuft sich in dem doch großen Gebiet der sechs Kantone Luzern, Schwyz, Zug, Uri, Obwalden und Nidwalden und bündelt sich allenfalls einmal an Sommerwochenenden in der **Luzerner Altstadt**, wenn in

Gipfelpanorama vom Titlis: dank Bergbahnen mühelos zu genießen

der Hauptsaison (April bis Ende Oktober) zu den täglich etwa 320 Reisegruppen noch viele Tausend weitere Tagesbesucher hinzukommen. Die zahlungskräftigen Tagesbesucher, vor allem aus Asien und den Vereinigten Staaten, auf die die Luzerner Strategie setzt, werden Stadt und Region allerdings nicht gerecht, denn da gibt es doch noch viel, viel mehr zu sehen, als derlei Stippvisiten zulassen.

Das Tempo hier ist langsamer, die Einheimischen gelassener, dem Urlauber mag das nur recht sein. Man hat Zeit, wenn man unter Kastanien in einem der Restaurantgärten am See sitzt, erst recht auf den Schiffen, die gemächlich auf dem Gewässer kreuzen, und genießt es, wenn einen die Bergbahnen langsam wieder vom Rigi, Pilatus oder einem der anderen Gipfel rund um den See hinunterschaukeln. Aber auch sportlich ambitionierte Urlauber finden in der Region »ihre« Herausforderung. Anspruchsvolle Dreitausender-Gipfel laden zu Berg- und Klettertouren, Gletscher zum Skifahren bis weit ins Frühjahr.

Panoramafahrt mit dem Dampfschiff

Vor allem die Fahrt mit einem der Veteranen der Dampfschiffära darf man nicht versäumen, und wer die Zeit hat, sollte die **große Rundfahrt Luzern-Flüelen** und zurück unternehmen, bieten sich dabei doch vielerlei Blickfänge an: das schön gelegene Weggis, das Hoteldorf auf dem Bürgenstock, das schloßartige Park Hotel in Vitznau, Brunnens ehemaliges Grand Hotel (ein trauriger Zeuge vergangenen

Stimmungsvolles Abendessen zur »blauen Stunde« in Luzern

Glanzes), das dörfliche Gersau, das Haus an der Treib als meistfotografiertes Gebäude am See, Flüelen mit seinen Kirchen und vieles mehr. Was auffällt: An vielen Häusern sind Rolläden oder Fensterläden geschlossen: Nicht des Sonnenscheins wegen, denn das sind Zweitwohnungen, oft in deutschem Besitz.

Das Auto kann zu Hause bleiben

Die weitverbreitete Meinung, die Schweiz sei ein teures Reiseland, können wir nicht widerlegen. Tatsächlich hat das Land das höchste Pro-Kopf-Einkommen in Europa, was sich in den Preisen entsprechend niederschlägt. Wir haben allerdings bei der Zusammenstellung der Hotels und Restaurants, die in diesem Reiseführer genannt werden, darauf geachtet, auch preiswerte Adressen aufzuführen.

Unbedingt nutzen sollte der Urlauber die vielfältigen Sonderangebote für **öffentliche Verkehrsmittel** (→ Vierwaldstätter See mit und ohne Auto), denn da läßt sich viel Geld sparen. Das Auto kann man ohnehin getrost zu Hause lassen, gilt doch das öffentliche Verkehrsnetz als ausgezeichnet (man sollte aber unbedingt darauf achten, wie weit das Ferienquartier von Schiffs- bzw. Busstation oder Bahnhof entfernt ist).

Haben Sie sich jedenfalls auf den Urlaub am Vierwaldstätter See eingelassen, so werden Sie mit Bestimmtheit wiederkommen. Johann Wolfgang von Goethe schließlich war auch dreimal dort – in einer Zeit, in der das Reisen weiß Gott beschwerlicher war als in unseren Tagen.

LESETIP

Für jeden, der es noch nicht aus der Schule kennt, ist Schillers **Wilhelm Tell** von 1804, in einer neueren Ausgabe, natürlich obligatorisch – aber auch zum Wiederlesen zu empfehlen. Als satirische Antwort auf Schillers Drama sei **Wilhelm Tell für die Schule** (Suhrkamp Verlag, Frankfurt, Main) von Max Frisch empfohlen. Der Schweizer Autor, Verfasser wichtiger zeitkritischer Werke, lebte zeitweise in Küssnacht. Wer tiefer einsteigen will, für den ist Hans Georg Müllers **Literaturreisen: Mit Wilhelm Tell um den Vierwaldstätter See** (Ernst Klett Verlag, Stuttgart) ein guter Tip.

Der Vierwaldstätter See liegt an der europäischen Nord-Süd-Transitachse und ist mit Auto und Bahn gut erreichbar. Der nächstgelegene Flughafen ist in Zürich.

Mit dem Auto

Wer über die Grenze bei Basel anreist, benutzt die **Autobahn N 2** vorbei an Olten bis Luzern; sie führt weiter u. a. über Beckenried und durch den Seelisbergtunnel Richtung Gotthard.

Bei Anfahrt über die **Bodensee-Autobahn A 81** nach Singen/Schaffhausen geht es in der Schweiz erst über Landstraßen, bei Winterthur dann wieder auf die Autobahn, durch Zürich, nochmals Landstraße, erneut Autobahn, die als **N 14** nach Luzern führt, oder mit dem Abzweig **N 4** Richtung Schwyz/Brunnen (Fortsetzung Axenstraße, die bei Altdorf auf die Gotthardautobahn trifft). Von Meersburg nach Konstanz/Kreuzlingen, Friedrichshafen und nach Romanshorn verkehren Autofähren über den Bodensee; Weiterfahrt auf der **N 7** nach Winterthur oder über die **N 1** dorthin.

Von Österreich kann man die **S 16** (Arlbergtunnel) benutzen, die **N 13** in südlicher Richtung und über die Autobahn **N 3** zum Vierwaldstätter See reisen.

Eine Benutzung der Autobahn ohne die **Autobahnvignette** (40 sFr) ist nicht erlaubt. Sie ist erhältlich z. B. bei der Deutschen Post AG, an Grenzübergängen und Schweizer Tankstellen. Gültigkeitsdauer: 1.12 bis zum 13.1. des übernächsten Jahres.

Mit der Bahn

Es bestehen günstige **Fernverbindungen**, u. a. von Hamburg, Dortmund, Berlin und Wien, auch mit Autoreisezügen. Erkundigen Sie sich nach Ermäßigungen der Schweizer Bundesbahnen und der Deutschen Bahn AG.

Mit dem Flugzeug

Vom Flughafen **Zürich-Kloten** verkehren stündlich Züge nach Luzern, Fahrtzeit ca. 80 Minuten. Für die Rückreise kann man am **Bahnhof Luzern** einchecken und mindestens 24 Stunden vor dem Abflug einen Platz buchen (Voraussetzung: Bahnkarte, Flugtikket, Paß). Im Zuge des »Fly & Rail«-Angebots kann das Fluggepäck z. B. für Swissair, Austrian Airlines und Lufthansa an den Bahnhöfen Brunnen, Flüelen, Luzern und Sarnen sowie an der Schiffstation Weggis aufgegeben werden (je Gepäckstück 20 sFr). Telefon Bahnhof Luzern für Check-in und »Fly & Rail« (Schalter 21, 7–19 Uhr) 041/21 32 61.

Funktionaler Neubau aus den 90ern: Luzerns alter Bahnhof war 1971 abgebrannt

Das ausgezeichente Nahverkehrsnetz läßt einen auch abgelegene Orte leicht erreichen. Ein Muß: eine Dampfschiffreise über den Vierwaldstätter See.

Auto und Motorrad

Die Innerschweiz verfügt über ein gut ausgebautes Straßennetz, dies gilt auch für Nebenstrecken. Höchstgeschwindigkeiten: Ortsdurchfahrten 50 km/h, Landstraßen 80 km/h, Autobahn 120 km/h. Es besteht Anschnallpflicht. Kinder bis zum vollendeten 12. Lebensjahr müssen auf dem Rücksitz Platz nehmen. Der Alkoholgrenzwert beträgt 0,8 Promille. Für Fahrten auf der Autobahn ist die gebührenpflichtige Vignette erforderlich. Autofahrer sollten am Wochenende besonders auf die zahlreichen Radsportler und Motorradfahrer achten. Wer Luzern besucht, sollte Schiff, Bahn oder Bus benutzen. Die Verbindungen sind ausgezeichnet, und man spart sich die aufreibende Parkplatzsuche. Für Motorradfahrer besteht Helmpflicht.

Bahn

Luzern und die Zentralschweiz liegen, wie schon der Name der Region sagt, günstig für Reisen

Historische Raddampferflotte auf dem Vierwaldstättersee

auf dem dichten Schienennetz der Schweizerischen Bundesbahnen (SBB): 50 Minuten bis Zürich, eine Stunde mit der LSE, der Luzern-Stans-Engelberg-Bahn nach Engelberg, 1 1/4 Stunden bis in die Hauptstadt Bern, 1 1/2 Stunden bis zum Gotthard, zwei Stunden nach Interlaken. Freie Fahrt durchs ganze Land mit Bahn, Bussen und Schiffen, dazu mit Straßenbahnen und Bussen in 35 Städten sowie einem Preisnachlaß von meist 25 Prozent für Bergbahnen bietet der **Swiss Paß**, der 4, 8, 15 Tage oder einen Monat gilt. Bezugsberechtigt sind alle Personen mit ständigem Wohnsitz außerhalb der Schweiz und von Liechtenstein. Kinder bis 16 Jahre fahren über Familienkarte gratis, Kinder, die nicht zur Familie gehören, 50 Prozent billiger.

Der **Swiss Flexi Paß** ermöglicht freies Reisen an drei frei wählbaren Tagen innerhalb von 15 Tagen. Die **Swiss Card** erlaubt die freie Fahrt ab Schweizer Grenze bis zum Urlaubsort und zurück; alle weiteren Fahrten (auch für Schiffe) zum halben Preis, außerdem Ermäßigung auf Bergbahnen. Gültigkeit ein Monat. Erhältlich sind Swiss Paß, Swiss Flexi Paß und Swiss Card zum Beispiel bei der Deutschen Bahn AG und in den Reisebüros. Preise ändern sich von Saison zu Saison. Aktuelle Tarife für die diversen Pässe und Ermäßigungen erfragen Sie am besten bei den Reisebüros.

Das **Halbpreisabo der SBB** kostet für einen Monat 85 sFr, für ein Jahr 150 sFr (Paßfoto erforderlich); alle Fahrkarten sind dann zum halben Preis erhältlich. Besitzer eines Halbpreisabos können zusätzlich Tageskarten lösen, mit denen das Abo für einen Tag zur Netzkarte erweitert wird.

Mit dem Angebot **Euro Domino** der Deutschen Bahn AG erhält man 25 Prozent Ermäßigung vom Wohnort bis zur Schweizer Grenze und zurück sowie freie Fahrt in der Schweiz für 3, 5, 10 Tage. Zur Senioren-Bahncard können alle Personen über 60 Jahre für 30 DM die **Rail-Europe-S-Karte** lösen und in der Schweiz damit 30 Prozent vom normalen Fahrpreis sparen.

Übersicht über die Stationen der Bahnlinien

LSE-Bahn: Luzern, Horw, Hergiswil Matt, Hergiswil, Stansstad, Stans, Oberdorf*, Büren*, Dallenwil, Niederrickenbach*, Wolfenschiessen, Dörfli*, Grafenmatt*, Obermatt*, Grünenwald*, Engelberg (ca. eine Stunde).

Richtung Gotthard: Luzern, Meggen, Merlischachen, Küssnacht, Immensee, Arth Goldau, Steinen, Schwyz, Brunnen, Sisikon, Flüelen (ca. eine Stunde), Erstfeld, Lilenen, Amsteg, Wassen, Göschenen (ca. 1,5 Stunden).

Brünigbahn: Luzern, Horw, Hergiswil Matt, Hergiswil, Alpnachstad, Alpnach Dorf, Sarnen, Sachseln (ca. 40 Minuten).

Nach Zug: Luzern, Ebikon, Sisikon-Root, Rotkreuz, Cham, Zug (ca. 30 Minuten).

(*= Halt nur bei Bedarf)

Bergbahnen

Eine Vielzahl von Bahnen erschließt die Region: So ist die Rigi mit zwei Zahnradbahnen und mehreren Luftseilbahnen erreichbar, zum Pilatus verkehren Zahnradbahn und Seilbahn. Auch nach Stoos gelangt man per Drahtseilbahn und mit der Seilbahn.

Schiff

Mit über zwei Millionen Passagieren pro Jahr ist die 1869 entstandene Schiffahrtsgesellschaft für den Vierwaldstätter See (SGV) das größte Schiffahrtunternehmen der Schweiz. Sie offeriert neben dem fahrplanmäßigen Verkehr eine breite Palette an Sonderfahrten (→ Routen und Touren).

Packagetouren (Schiff-/Bergbahnfahrt, Imbiß) werden für Bürgenstock, Seebodenalp, Rigi und Klewenalp offeriert, Kombinationstickets für Schiffsreise und Skilifte für die Rigi und die Klewenalp.

Neben dem Tell-Pass (→ Der Besondere Tip, unten) bieten die Familienkarte (Kinder 6–16 Jahre gratis, ledige Söhne und Töchter 16–25 Jahre halber Preis), die Tageskarte und die Mehrfahrtenkarte (12 einfache Fahrten zum Preis von 5 Hin- und Rückfahrkarten) weitere Vergünstigungen.

Auskunft:
SGV
Werftestr. 5
6002 Luzern
Tel: 041/40 45 45, 40 45 40
(Reservierung)

Der Besondere Tip

Eine erhebliche Ermäßigung der Reisekosten bedeutet der **Tell-Pass**. Mit dem 15-Tage-Paß etwa darf man an fünf Tagen frei fahren. Die Tage mit freier Fahrt bestimmt man selbst und trägt das entsprechende Datum vor Reiseantritt in den Paß ein. An weiteren zehn Tagen reist man zum halben Preis auf einem umfangreichen Streckennetz von Bahn, Bergbahnen, Bus und Schiff, und an allen 15 Tagen gilt generell der halbe Preis für weitere Ziele. Der Tell-Pass ist erhältlich an Bahnhöfen, Schiffsstationen, auf den Schiffen, in Reisebüros und Verkehrsbüros. Tell-Pass-Familienkarte: Kinder bis 16 Jahre in Begleitung von einem oder beiden Elternteilen reisen gratis, ledige Söhne und Töchter bis 25 Jahre zum halben Preis.

Von der Luxusherberge bis zum Familienhotel: Am Vierwaldstätter See macht die Schweizer Hotellerie ihrem guten Ruf alle Ehre.

Angesichts der guten touristischen Infrastruktur rund um den Vierwaldstätter See hat der Gast die Qual der Wahl. Meistens erleichtert aber ein Blick auf die Übernachtungspreise die Entscheidung.

Hotels

Eine Reihe von Luxushotels gibt es am See: In Luzern buhlen National, Palace und Schweizer Hof um die Gunst des Publikums. Der Bürgenstock, das Park Hotel in Vitznau oder der Waldstätterhof in Brunnen sind ebenfalls erste Adressen. Wir haben in diesem Reiseführer jedoch darauf geachtet, hauptsächlich preiswerte Quartiere aufzuführen.

Preiswert übernachten

Eine preiswerte Alternative zum Hotel können Campingplätze und Jugendherbergen sein (→ Vierwaldstätter See von A bis Z). Auch Gruppenunterkünfte, z. B. in Naturfreundehäusern, Berghütten und Touristenhäusern, sind eine günstige Übernachtungsmöglichkeit.

Ferienwohnungen

Gerade für Familien oder kleinere Gruppen bieten sich Ferienwohnungen an. Für eine einfache Unterkunft muß man pro Woche mit etwa 350 sFr rechnen; soll es ein Chalet sein, gibt es preislich nach oben fast keine Grenzen.

Das Palace Hotel in Luzern: ein Grand Hotel, wie man es sich vorstellt

Ein Katalog ist erhältlich bei der Schweizer Reisekasse, Neuengasse 15, 3001 Bern, Tel. 031/ 329 66 33.

Wo man sich informieren kann

Ein detailliertes Verzeichnis von Übernachtungsmöglichkeiten gibt es beim jeweiligen örtlichen Verkehrsamt. Der Zentralschweiz-Tourismus (→ Vierwaldstätter See von A bis Z) hält für die Zentralschweiz ein Hotelverzeichnis sowie einen Prospekt über Ferienwohnungen und Gruppenunterkünfte bereit. (Häuser, die für Familien besonders geeignet sind oder einen Gästekindergarten besitzen, sind gekennzeichnet.) Den Schweizer Hotelführer sowie Kataloge über familienfreundliche Hotels und Landgasthöfe kann man beim Schweizer Hotelier-Verein (Monbijoustr. 130, 3001 Bern, Tel. 031/370 41 11, Fax 370 44 44), bestellen. Unter folgenden Nummern sind beim Zentralschweiz-Tourismus Hotel-Offerten erhältlich oder auch Direktbuchungen möglich: Tel. 041/94 04 04, Fax 94 41 56. Die Schweizerische Verkehrszentrale (→ Vierwaldstätter See von A bis Z) hat Prospekte über preiswerte Unterkünfte und Berggasthöfe herausgegeben. Spezielle Pauschalangebote für Bahn und Hotel (z. B. Luzern, Weg der Schweiz) haben die SBB im Programm. Auskunft bei railtour Suisse, Chutzenstr. 24, 3000 Bern 17. Zahlreiche Reiseveranstalter bieten Pauschaltouren an, Auskunft erteilen die Reisebüros.

Hotels sind bei den einzelnen Orten im Kapitel »Sehenswerte Orte und Ausflugsziele« beschrieben.

Preisklassen
Die Preise gelten für eine Übernachtung im Doppelzimmer für zwei Personen, in der Regel mit Frühstück.
Luxusklasse: ab 300 sFr
Obere Preisklasse: ab 200 sFr
Mittlere Preisklasse: ab 100 sFr
Untere Preisklasse: bis 100 sFr

Der besondere Tip

E & G Hotels (E & G steht für »einfach und gemütlich«) sind ein Zusammenschluß kleiner, meist von Familien geführter Häuser, die teils nur Zimmer mit fließend Wasser aufweisen, aber auch durchaus komfortabel sein können. Zu E & G gehören 28 Hotels der Zentralschweiz, davon sieben am Vierwaldstätter See. Anschrift: E & G Hotels, 3818 Grindelwald, Tel. 036/53 44 88, Fax 53 44 84.

Hotel-Restaurant »Wilder Mann« in Luzern

Fondue, Raclette, Rösti, Zürcher Geschnetzeltes sind bekannte Schweizer Spezialitäten, doch darüber hinaus gibt es in der Region noch viel mehr zu entdecken.

Die Palette des gastronomischen Angebots ist breit. Vom Ableger der US-Fastfood-Kette über die rustikale, meist recht preiswerte »Beiz«, die Bergwirtschaften, gutbürgerliche städtische Gasthäuser und Landgasthöfe, die gehobene Küche von Hotelrestaurants oder Häusern mit Seeblick bis zu Feinschmeckerrestaurants, wie zum Beispiel dem Rathauskeller und dem Restaurant Aklin, beide in Zug, dem Alpenblick in St. Niklausen oder dem Gasthaus zum Kreuz von Dallenwil, ist viel geboten.

Man besinnt sich auf die Tradition

Zwar wird in Luzern zu Recht darauf verwiesen, daß man internationale Küche präsentiert, doch finden sich dort wie auch auf dem Lande doch noch (oder wieder?) Speisen der Region, zum Teil auch ganz spezifisch in den einzelnen Kantonen. Die Lebensbedingungen und Erträge der Gegend haben deren Küche geprägt, zusätzlich Einflüsse der Nachbarländer Italien und Frankreich, bei dem regen Handel kein

Ein Platz an der Sonne: Seecafé in Stansstad

Wunder. So bedeutete das Käsefondue bzw. die Käsecreme, in die man Brotstücke eintaucht, in den einsamen Bergbauernhütten auf den Alpen eine nahrhafte und vor allem warme Mahlzeit. Neben dem Käse waren und sind auch Schaffleisch, Milch, Rahm und Butter die Basis von einfachen Gerichten.

Typische Schweizer Köstlichkeiten

Zu den Spezialitäten gehören die auch über die Schweiz hinaus populären Gerichte: **Berner Platte**, eine Schlachtplatte mit Sauerkraut, die geraffelten und knusprig gebratenen Kartoffeln, **Rösti** (Röschti) genannt, weiter **Zürcher Geschnetzeltes**, das **Walliser Raclette** (geschmolzener Käse, der mit Pellkartoffeln, Gurken und Zwiebeln gegessen wird) und das **Fondue**. Aber: Fondue ist nicht gleich Fondue: Es gibt für das Gericht, dessen Name wohl von »fromage fondu« (geschmolzener Käse) herrührt, etwa für das Käsefondue, vielerlei verschiedene Rezepturen: so Waadtländer Fondue mit Greyerzer Käse, Schnaps, Weißwein, oder Fondue au Vacherin, für das kein Alkohol verwendet wird.

Spezialitäten aus der Region

Die Fische aus einheimischen Seen finden sich in vielerlei Variationen auf den Menüs der Restaurants wieder. Da sind **Albelis**, Kleinfelchen, gelegentlich auch als Fischknusperli serviert,

Schokolade und feine Confiserie hat in der Schweiz eine lange Tradition

dann **Felchen**, **Eglis**, eine Felchenart (die man nach Kennermeinung nicht mit Sauce Tartar ißt, eher schon »an Safranschaum« oder »au Chablis«), **Hecht** sowie **Forellen**. Der **Zuger Rötel**, ein Seesaibling, wird, abhängig von der Fangzeit, nur im November/Dezember auf den Speisekarten geführt. Eine Luzerner Spezialität ist die **Chügelipaschtete**, gefüllt mit Kalbfleisch, Kalbsbrät, Kalbbrieskügelchen, Champignons, serviert in brauner Sauce.

Bekannt ist die Zentralschweiz auch für sehr schmackhaftes Gebäck. Einige der Backwaren gab es ursprünglich nur anläßlich von Brauchtumsfesten, doch sind sie nun ganzjährig erhältlich. Eine regionale Spezialität ist die Zuger Kirschtorte.

Spirituosen und Kaffee

Bei den Getränken gibt's Bier als »Stange« (Pils vom Faß), Wein nicht als »Viertel«, sondern als »Dezi« (0,1 Liter). Populär ist der Fendant aus dem Wallis, ein Weißwein, und der Dôle, ein Rotwein. Man trinkt Milch, »Ovo« (Ovomaltine), es werden sehr gute Limonaden und Mineralwasser kredenzt. Einen guten Ruf haben die Branntweine. Sehr umfangreich zeigt sich das Kaffeeangebot: natürlich Cappuccino und Espresso aus dem Nachbarland Italien, daneben in diversen Variationen Kaffee mit Branntwein – als »Kaffee fertig«, »Kafi Träsch«, »Kafi Pflümli«, »Kaffee Luz« (in Luzern).

Ein teures Vergnügen

Daß Essen in der Schweiz nicht billig ist, wäre zu bestätigen: Durchaus möglich, daß eine Bratwurst am Stand bei einem der Feste mit 5 sFr zu Buche schlägt, ebenso erlebt, daß für eine Schüblig (heiße Wurst) samt Brot 10 sFr verlangt werden; es gibt gar Plätze, wo der Senf zur Wurst noch extra berechnet wird (!). Andererseits sind viele Gaststätten und Restaurants bemüht, den preislichen Rahmen nicht zu sprengen, indem z. B. Tagesteller bzw. Tagesgerichte angeboten werden oder auch halbe Portionen. Wir haben in diesem Reiseführer wie auch bei den Hoteltips jedenfalls darauf geachtet, auch die preiswerte (und gute) Küche zu berücksichtigen.

Restaurants sind bei den einzelnen Orten im Kapitel »Sehenswerte Orte und Ausflugsziele« beschrieben.

Preisklassen
Die Preise beziehen sich auf ein Gericht ohne Getränke, inklusive Steuern und Service:
Luxusklasse: über 40 sFr
Obere Preisklasse: 30–40 sFr
Mittlere Preisklasse: 20–30 sFr
Untere Preisklasse: bis 20 sFr

Der Besondere Tip

Weithin bekannt für seine lecker zubereiteten Fischspezialitäten ist das **Hotel Restaurant Sonnegg** in Meggen bei Luzern, wo »Beni« Krell u. a. das zubereitet, was sein Nachbar im Vierwaldstätter See fängt. Tel. 041/ 37 14 00, Mittlere Preisklasse, So und Mo (bis 17 Uhr) geschl. ■ C3

Eßdolmetscher

A

Älplermagronen: Makkaroni mit Schinken oder Speck, Kartoffeln (nicht in Uri), Zwiebeln, überbacken mit Käse, dazu Apfelmus oder Salat
Älplerröschti: Rösti mit Speck

B

Birnenweggen: ähnlich dem Apfelstrudel, mit Birnen, Rosinen, Zimt; Luzerner Spezialität
Bündnerfleisch: luftgetrocknetes Rindfleisch, in dünne Scheiben geschnitten
Burebratwurst: Luzerner Bauern-Schweinsbratwurst, z. B. auf Zwiebelrotweinsauce und Rösti
Buurehammi: Schinken

C

Châszöpfli: Nudeln mit Käse
Châssuppe: Käsesuppe, eine Schwyzer und Urner Spezialität
Chilibiküechli: Fasnachtsküchle
Chügelipastete: Festessen der Fasnachtszünfte, große runde Pastete, mit Schweine- und Kalbsfleisch gefüllt

F

Fleischkäse: Leberkäse
Fondue: feingehobelter Käse, in Weißwein geschmolzen
Früchtewaien: Obstkuchen auf Mürbteig

G

Gersauer Käsekuchen: salzig-pikant, z. T. mit Kümmel, Zwiebel, Weißwein
Gschwellti: Pellkartoffeln
Güggeli: Brathähnchen

H

Häfachabis: Kohleintopf mit Schaffleisch (auch Hafenkabis, Häfelichabis genannt)

Fürstlich speisen im Grandhotel auf dem Bürgenstock

K

Kutteln: Innereien in schmackhafter Sauce

L

Läbchüeche: Lebkuchen, auch mit Rahm

M

Mistkratzerli: Brathähnchen

R

Raclette: geschmolzener Käse, zu dem Pellkartoffeln serviert werden
Rösti: geraffelte Kartoffeln, knusprig gebraten
Rueblitorte: Kuchen aus fein geraffelten Karotten
Rys und Pohr/Ryys und Boor: Reis mit Lauch

S

Sännäröschti: Rösti mit Käse
Schnitz und Hardäpfel: Eintopf mit Kartoffeln, Speck, gedörrten Birnen
Salsiz: Dauerwurst
Servelat: Knackwurst
Stunggis: Nidwaldener Eintopf mit Schweinefleisch, Gemüse, Kartoffeln
Suur Gummel: Kartoffeln in saurer Sauce
Suure Mocke mit Kartoffelstock: Sauerbraten, Kartoffelpüree

U

Urner Chässuppä: Käsesuppe mit Zwetschgenkompott, Salzkartoffeln
Urnerdürrs: Trockenfleisch

W

Waien: Mürbeteigkuchen
Winzerröschti: Rösti mit Schinken, Käse, Spiegelei
Wurstsalat: Wurst in Essig und Öl mit Zwiebeln, wird auch mit Käse serviert

Z

Ziegerkrapfen: Blätterteiggebäck, gefüllt mit süßem Quark

**Wie kommen die Löcher in den Käse?
Die Schaukäserei Seewen kann man besichtigen**

Mit seinen vielen Geschäften gilt Luzern als das Shopping-Paradies. Doch auch auf dem Lande kann man die eine oder andere Entdeckung machen.

Angesichts zahlreicher Touristen hat sich in der größten Stadt der Zentralschweiz längst eine Geschäftswelt etabliert, die den Bedürfnissen der Tagesbesucher entgegenkommt: Die Souvenirläden offerieren »typische« Schweizer Mitbringsel, so zum Beispiel der Gift Shop Casagrande am Schwanenplatz mit zwei weiteren Dependancen im Stadtgebiet.

Süßigkeiten, Schmuck und Kunsthandwerk

Aber auch für Urlauber, die mehr Zeit mitbringen und sich selbst auf die Suche machen wollen, bietet Luzern viele Fachgeschäfte. Eine Fundgrube für **süße Mitbringsel** ist die Confiserie Bachmann mit sechs Geschäften, u. a. im Bahnhofs-Shopping. Fündig wird man bestimmt auch in einem der Feinkostläden: Eignen sich doch der ausgezeichnete Schweizer **Käse**, **Kutteln** oder **Karamelcreme** in Konserven, **Rösti** in der Fertigpackung oder **Schokolade** zum Mitnehmen in den heimischen Haushalt. Dies gilt auch für die herausragenden **Weine** und **Branntweine**.

Begehrt sind **Uhren** und **Schmuck**, die unzählige Fachgeschäfte Luzerns offerieren. Ein anderer Favorit ist das **Schweizer Offiziermesser** (niedere Dienstgrade besitzen kein derart multifunktionales Stück), doch Obacht: Nicht immer ist es »swiss made«, auch die Volksrepublik

Alphörner werden in aufwendiger Handarbeit gefertigt

China versucht zwischenzeitlich am Geschäft zu partizipieren. In der Luxuskategorie interessieren **Antiquitäten** und **Juwelen**. Beliebt sind weiter **Stoffe** und zum Beispiel **St. Galler Spitzen** sowie solides **Kunsthandwerk** aus den Heimatwerkläden in Luzern und Zug.

Hier schlägt das Sammlerherz höher

Für Sammler von **Briefmarken** stellt die Luzerner Hauptpost einen Anlaufpunkt dar, für Leute, deren Leidenschaft der **Eisenbahn** gilt, der SBB-Shop in der unteren Bahnhofshalle der Stadt.

Ein spezifisches Schweizer Sammelobjekt sind »Kaffeedekkeli«, die Deckel für den Rahm, die viele Motive von Luzern und der Zentralschweiz tragen. Ein vielfältiges Angebot hat die Zentralschweizer Sammlermesse im Zentrum Monséjour in Küssnacht, die zwei Tage nach Himmelfahrt stattfindet.

In den Dörfern findet man noch Krämerläden alten Stils. Große Lebensmittelketten sind Migros und Coop, Einkaufszentren bestehen u. a. in Emmen bei Luzern (Freitag bis 21 Uhr) und Ibach-Schwyz (Mythen-Center).

Öffnungszeiten

Die Geschäfte in Luzern sind werktags von 8 bis 18.30 Uhr geöffnet, am Donnerstag bis 21 und am Samstag nur bis 16 Uhr. In der Hauptsaison hat ein Teil der Läden auch am Sonntag ab 11 Uhr geöffnet. In der Unterwelt des neuen Bahnhofs, dem sogenannten Bahnhofs-Shopping, kann man sogar täglich bis 20 Uhr einkaufen. In ländlichen Regionen muß man sich darauf einstellen, daß zwischen 12 und 14 Uhr geschlossen ist; ebenso ist es die Regel, daß am Montag erst ab 14 Uhr geöffnet wird.

DER BESONDERE TIP

Ein originelles Souvenir sind **Pins**, die bei vielen Eidgenossen Sammlerleidenschaften wecken. Die schmucken Anstecker gibt es überall und in vielerlei Variationen, so auch den US-Touristen zuliebe als »Swiss Lady Liberty«, der Freiheitsstatue von Manhattan nachempfunden. Sehr schöne Stücke bieten auch Bahn und Post an, teils sogar im Set.

Sommerrodeln und Goldwaschen, dazu Berge, Bahnen, Schiffe und viele Attraktionen: Kindern wird es am Vierwaldstätter See bestimmt nicht langweilig.

Etliche Ferienorte verfügen über Strand- oder Freibäder, Bootsvermietungen, Minigolfanlagen und Spielplätze. Aber auch zu besichtigen gibt es Interessantes.

Auf den Spuren Wilhelm Tells

Zu empfehlen ist der Besuch der Burgruinen in Küssnacht (Gesslerburg) und Attinghausen und der Spaziergang auf den Spuren von Wilhelm Tell (Hohle Gasse in Küssnacht, Tellskapelle bei Sisikon, Tellmuseum Bürglen, Tellspiele Altdorf).

Goldwaschen

Das Hotel Bergruh in Bramboden (Tel. 041/76 14 64) bietet »Goldwaschen am Napf« an –Tips und die entsprechenden Werkzeuge erhält man im Hotel. Zufahrt: über Hasle im Entlebuch mit dem Postauto oder eigenen PKW.

Museen und Besichtigungen

Für Kinder geeignete Museen sind in Luzern das Verkehrshaus, das Naturmuseum, das Bourbaki-Panorama, das Alpineum und der

Darauf fahren Kinder ab: Sommerrodelbahnen

Gletschergarten mit Spiegellabyrinth sowie in Goldau das Bergsturzmuseum, gleich neben dem Eingang zum Natur- und Tierpark (→ Schwyz, Ausflugsziele). Interessante Betriebsbesichtigungen sind in der Glashütte Hergiswil bei Luzern und in der Schaukäserei Schwyz-Seewen (→ Der Besondere Tip, S. 73) möglich.

Sommerrodeln

Von Sattel bei Schwyz verkehrt die Sesselbahn nach Mostelberg im Wandergebiet Hochstuckli: Von Ende April bis Mitte Oktober ist dort der »Stuckli Run« in Betrieb, eine 620 Meter lange Sommerrodelbahn mit drei Tunnels. Eine weitere Sommerbobbahn wird beim Berggasthaus Wirzweli betrieben: von der Station Dallenwil der Luzern-Stans-Engelberg-Bahn (LSE) 15 Minuten Fußweg zur Talstation, von dort Bergbahn nach Wirzweli.

Mit Schiff und Bergbahn

Schiffahrten auf den Seen und Bergbahntouren, zum Beispiel mit dem Nostalgiedampfzug von Vitznau auf die Rigi oder mit der Seilbahn zur Klewenalp über Beckenried (Murmeltierpark, Streichelzoo), werden bestimmt Anklang finden. Die Schiffahrtsgesellschaft für den Vierwaldstätter See hält einen Sonderprospekt über kinderwagengängige Wanderwege bereit (→ Luzern/ Service).

Die meisten der genannten Ziele werden im Kapitel »Sehenswerte Orte und Auflugsziele« ausführlich beschrieben.

Der Besondere Tip

Viele Gastronomiebetriebe haben sich auf Familien mit Kindern eingestellt. Bei den einschlägigen Auskunftstellen (→ Hotels und andere Unterkünfte) kann man Prospekte mit besonders familienfreundlichen Unterkünften anfordern. So verschickt der Schweizer Hotel-Verein einen Prospekt »Hotels speziell für Familien« (Monbijoustr. 130, 3001 Bern, Tel. 031/370 41 11). Im autofreien Bergort Stoos gibt es ein Hotel, das sich ganz um die Bedürfnisse von Babies und Kleinkindern (und natürlich deren Eltern) kümmert: **Schwyzer Bärghus/Garni Bärghus,** Tel. 043/21 14 94, Fax 21 77 52, 6433 Stoos, Mittlere Preisklasse, April bis Mai und Nov. geschl.
■ E4

Ob Angleridyll am, Radfahren um, Gleitschirmfliegen über dem See oder Riverrafting auf der wilden Reuss: Sportliche Aktivitäten gibt es zuhauf.

Es gibt vielerlei Möglichkeiten, in der Region sportlich aktiv zu sein: zwischen der gewöhnlichen Wanderung im Tal und Extremsportarten wie »Canyoning« durch steile Schluchten ist alles möglich. Bei der Schweizer Verkehrszentrale ist ein Katalog zu beziehen, der 300 Angebote für 14 Sportarten enthält (»Ferien pauschal – Sommersport«).

Für Leute, die lieber zuschauen, gibt es eine Reihe interessanter Großereignisse: In Luzern finden ab Christi Himmelfahrt das CSIO-Reitturnier und, am ersten Juliwochenende, die Internationale Rotsee-Ruderregatta statt. An den ersten beiden Wochenenden im September wird das Pferderennen veranstaltet. Vom Frühjahr bis zum Herbst sind natürlich die zahlreichen Schwingfeste, Ringkämpfe nach Schweizer Art (→ Der Besondere Tip, S. 33), einen Besuch wert. Fußballfans werden sich für die Spiele des FC Luzern interessieren, der der höchsten Spielklasse, der Nationalliga A, angehört. Ebenfalls in der höchsten Klasse spielt der EV Zug Eishockey.

Gleitschirmflieger beim Start: den vierbeinigen Almbewohner läßt's kalt

Angeln

Das Angeln mit Angelrute, einfachem Schwimmer oder Haken mit natürlichem Köder ist in den Seen gebührenfrei (Ausnahme: private Fischgewässer). Alle übrigen Angelarten sowie das Angeln in fließendem Gewässer sind patent- und gebührenpflichtig. Über Patentabgabestellen informieren Verkehrsämter.

Extremsport

Outdoor-Sportcenter und Gleitschirm-Flugschule Pilatus in Brunnen (Tel. 043/31 54 31) bieten u. a. Riverrafting im Muotatal, Seekajaktouren auf dem Vierwaldstätter See, Canyoning in der Schlattlischlucht, die Höhlentour in Hölloch (bis elf Std.) sowie Passagierflüge ab 100 sFr an; letztere sind auch mit Sky Taxi (Tel. 044/ 6 73 43) möglich. Eurotrek Zürich (Tel. 01/462 02 03) veranstaltet Riverrafting bzw. Kanufahrten auf der Reuss von Amsteg nach Attinghausen, auch kombiniert mit Radtour.

Golf

Golfplätze bestehen auf dem Bürgenstock und Dietschiberg bei Luzern; weitere Anlagen u. a. in Küssnacht, Arth, Engelberg, Andermatt, sind in Planung.

Minigolf

Die größte Anlage der Zentralschweiz wurde neu in Breitfeld bei Rotkreuz, Kanton Zug, eröffnet. Weitere Plätze in Brunnen, Horw, Küssnacht, Rigi-Kaltbad, Stansstad, Vitznau.

Radfahren

Entlang der Seeufer und im Umland bieten sich zahlreiche Möglichkeiten, die auch die einheimischen Radfahrer und Mountainbiker am Wochenende intensiv nutzen. Etwa 10 km umfaßt die Route von Flüelen über Seedorf, Attinghausen, Altdorf-Bahnhof, zurück nach Flüelen. Zwei weitere empfehlenswerte Touren: von Kehrsiten nach Stansstad

Titlis – ein Skigebiet über den Wolken

und von Küssnacht über die Seematt auf dem Radweg nach Greppen, weiter nach Hertenstein, Weggis und Vitznau.

An jedem SBB-Bahnhof kann ein Rad gemietet und abgegeben werden, Reservierung bis 18 Uhr am Vortag, Preis ca. 72 sFr für eine Woche, 18 sFr pro Tag. In vielen Ferienorten gibt es weitere Fahrradvermietungen. Für das Postauto muß ein Fahrradtransport angemeldet werden.

Die Schweizer Verkehrszentrale (→ Vierwaldstätter See von A–Z/ Auskunft) hat die Sonderprospekte »Ferien pauschal–Velo« und »Rent a bike« herausgegeben.

Radwandervorschläge und Karten bei:

Schweizerischer Radfahrer- und Motorradfahrerbund (SRB),
Schaffhauserstr. 272
8023 Zürich

Fahrradzentrum Touring-Club Suisse (TCS)
6315 Oberägeri

Verkehrsclub der Schweiz (VCS)
Bahnhofstr. 8
3360 Herzogenbuchsee

Reiten

Reitschulen u. a. in Luzern (Allmend) und Seedorf (Schopflibach). Pauschalangebot »Reiten in Stans« beim Verkehrsbüro Stans.

Segeln

Segelschulen bestehen in Brunnen, Flüelen, Hergiswil, Hertenstein bei Weggis, Luzern, Sisikon, Stansstad, Weggis.

Tennis

Zahlreiche Plätze und Hallen in den größeren Ferienorten.

Wandern

Zu Recht gilt dieser Teil der Zentralschweiz als Wanderparadies, und entsprechend reichhaltig ist das Angebot der Vorschläge durch die örtlichen Verkehrsbüros oder Bergbahngesellschaften (meist gratis): von der bequemen Seepromenade bis zum »Gipfelsturm«. Bei Bergtouren ist es unbedingt notwendig, sich vorab über den Schwierigkeitsgrad des Weges und die Wetterverhältnisse zu informieren. Gute Wanderkarten und zweckmäßige Ausrüstung sollten selbstverständlich sein.

Beim Zentralschweiz-Tourismus kann das Info-Blatt »Sagenhaftes Wanderparadies« (zwölf Vorschläge für Wanderungen durch die »Sagenwelt«) angefordert werden.

Wassersport

Fast alle Seeorte besitzen Strandbäder und Bootsvermietungen. Hallenbäder gibt es z. B. in Brunnen, Altdorf, Luzern, Weggis und Meggen; vielerorts können Gäste auch Hotelhallenbäder benutzen. Surfschulen bestehen in Flüelen, Luzern, Merlischachen, Stansstad und Weggis.

Wintersport

Die Wintersportzentren der Region sind Andermatt und Engelberg. Weitere Skigebiete, näher zum Vierwaldstättersee gelegen: die Rigi, Stoos (erreichbar mit den Bahnen von Schlattli und Morschach), Beckenried-Klewenalp, Emmetten-Stockhütte, Sarnen-Langis, Seelisberg (Loipe) und Eggberge bei Altdorf/Flüelen. 23 km von Sarnen entfernt liegt der autofreie Wintersportort Melchsee-Frutt in 1 920 m Höhe.

Traditionelles Brauchtum prägt das Feiern auf dem Land. Luzern bietet das ganze Jahr über ein bemerkenswert vielfältiges Kulturprogramm.

Die Eidgenossen sind ein festfreudiges Volk, wobei eine ganze Reihe von Veranstaltungen auf bäuerlichen Traditionen beruhen, vereint mit christlichem Kulturgut. Etliche Bräuche haben ihren Ursprung in heidnischen Sagen und Mythen, so zu Zeiten der Fasnacht, wenn in den närrischen Hochburgen die »Wintergeister« vertrieben werden. Gerade diese farbenprächtigen und lautstarken Festtage sollte man einmal in Augenschein nehmen, wenn auch dem Auswärtigen nicht immer alles verständlich ist.

Äußerst beliebt sind auch die **Alpaufzüge** im Frühjahr und Frühsommer und die **Alpabzüge** Ende Oktober/Anfang November, oft mit einer **Älplerchilbi** (Chilbi = Jahrmarkt, Kirchweih) gefeiert, zu der ein festlicher Gottesdienst, das gemeinsame Mittagessen, ein Umzug und Tänze gehören. Bei dieser Gelegenheit sieht man die vielfältigen Trachten der Gegend, erlebt die Alphornbläser mit ihren überdimensionalen Instrumenten und die Fahnenschwinger. Wer diese Kunst lernen will, sollte einmal im Verkehrsbüro Brunnen nachfragen, das Fahnenschwingerkurse anbietet.

Volkstümliche Unterhaltung gehört meist zum Gästeprogramm der Ferienorte: Da treten dann Trachtengruppen auf, spielen die Ländlermusikanten, wird gejodelt und Blasmusik angestimmt.

Populäres Vergnügen: Auf den Schwingfesten messen die Sennen und Bauern ihre Kräfte

Januar

Mozarttage in Luzern

Konzertreihe in der Jesuitenkirche.

Februar

Fasnacht

Einen festlichen Höhepunkt des Jahres bedeutet die **Fasnacht**, die in Luzern eine Hochburg hat. Am Schmutzigen Donnerstag (vor dem Fasnachtsdienstag) steht bereits um sechs Uhr früh das Orangenauswerfen, auch Orangenschlacht genannt, an, das seit 1985 in farbenprächtiger Fassadenmalerei am Restaurant Fritschi, Sternenplatz, in der Luzerner Altstadt dargestellt wird. Nachmittags folgt der Fritschiumzug, ein weiterer dann am Güdismontag (Rosenmontag), und der Güdisdienstag bleibt dem Monsterkonzert der Guggenmusiken vorbehalten. Die kostümierten und einfallsreichen Guggenmusiken sind ein Basler Fasnachtsbrauch: Verkleidete Cliquen musizieren laut auf Blech- und Schlaginstrumenten, 100 Kapellen etwa sind es in Luzern, die vor 40 000 bis 50 000 Zuschauern durch die Stadt marschieren (Pauschalangebot des Verkehrsvereins: »Fasnacht in Luzern«). Auch andernorts wird gefeiert: In Beckenried inthronisiert man den »Beggovater«, und die populärste Fasnachtsfigur von Zug ist die Greth Schell (der man in der Altstadt mit dem Greth-Schell-Brunnen auch ein Denkmal gesetzt hat), die am Fasnachtsmontag ihren trunkenen Gatten aus dem Wirtshaus im Korb nach Hause schleppt, begleitet von den sieben Lölli (Narren).

TOPTEN 9

Osterfestspiele in Luzern

Von Gründonnerstag bis Dienstag nach Ostern gibt es klassische Konzerte im Kunsthaus sowie in der Jesuiten- und Franziskanerkirche.

April

COMIX in Luzern

Zehn Tage lang dreht sich alles um Kunst, Konzerte und Film.

Landsgemeinden in Sarnen und Stans

Die Landsgemeinde ist eine in manchen Kantonen auch heute noch gepflegte demokratische Tradition: Alle stimmfähigen Bürger versammeln sich am letzten Sonntag im April unter freiem Himmel und stimmen über politische Vorlagen ab. Honoratioren, Politiker und Schützen führen den Zug zum Landsgemeindeplatz an.

Mai

Am Nationalfeiertag erstrahlt der See im Glanz der Höhenfeuer

Luzern ist die Fasnachthochburg der phantasievoll kostümierten Narren

Auffahrtsumritte an Christi Himmelfahrt
Nordöstlich von Luzern, z. B. in Sempach, Beromünster und Altishofen, finden diese traditionellen Prozessionen statt, an denen bis zu 1 000 Reiterinnen und Reiter teilnehmen.

Juni
Altstadtfest Luzern
Am vierten Samstag im Juni. Später im Sommer gibt es – wie in vielen anderen Orten am Vierwaldstätter See – ein Seenachtsfest mit Feuerwerk.

Juli/August
Tellspiele in Altdorf
Alle drei Jahre, das nächste Mal 1997, geht dieses Spektakel mit vielen Laienschauspielern über die Bühne.

August
Bundesfeier
Der Nationalfeiertag, der an den ewigen Bund von Uri, Schwyz und Unterwalden im Jahre 1291 erinnert, wird allerorten mit Feuerwerken am See und Höhenfeuern auf Hängen und Bergen begangen.
1. August

Internationale Musikfestwochen in Luzern
Seit 1938 gibt es diese Veranstaltung mit hochkarätiger Besetzung.

Jazzfestival in Willisau
Vom letzten Donnerstag im August bis Sonntag ist das kleine Städtchen im Kanton Luzern Mittelpunkt der internationalen Jazzszene.

Oktober
Internationale Film-Video-Performance-Tage (VIPER) in Luzern
Sechs Tage lang steht alles im Zeichen von Film und Video.

Dezember
Chlausjagen in Küssnacht
Am Vorabend des Nikolaustages ziehen 200 Teilnehmer unter den eigenartig-schaurigen Dreiklangrhythmen der Blaskapellen, begleitet von Peitschenknallen, durch den Ort und tragen dabei überdimensionierte, beleuchtete Bischofshüte.
5. Dezember

DER BESONDERE TIP

Anziehungspunkt für viele Tausende sind von Frühjahr bis Herbst die **Schwingfeste**, der klassische Ringkampf der Sennen und Bauern im Sägemehlring unter freiem Himmel, begleitet von folkloristischen Darbietungen. Lokalmatadore wie Geni Hasler, Alex auf der Maur und Daniel von Euw kennt jedes Kind. Höhepunkte der Veranstaltungsserie sind die Bergkranzfeste auf der Rigi und dem Stoos sowie die Kantonalschwingfeste auf dem Urnerboden und der Seebodenalp über Küssnacht.

Luzerns historisches Stadtbild und seine Lage am See locken die Besucher in Scharen. Kultur, Shopping und Ausflüge in die Bergwelt lassen sich ideal verbinden.

Luzern

■ B 3/C 3

Früher war Luzern ein verschlafenes Provinzstädtchen. Erst der im 19. Jahrhundert aufkommende Fremdenverkehr brachte den Aufschwung. Es war die Begeisterung für die Natur, vor allem die Nähe zur Rigi und zum Pilatus, die Gäste an die Gestade des großen Sees lockte. Luzern wurde dabei anfangs geringschätzig übersehen: »Das Stadt-Innere ist weder schön noch für den Kunst- oder Altertumsfreund von wesentlichem Interesse. Die Straßen und Häuser bieten durchaus Nichts, was den Fremden fesseln könnte.« So steht's im »Rigi-Führer« von anno 1885, der nur den Eindruck des Philosophen Arthur Schopenhauer aus dem Jahre 1804 bestätigte: »Ein kleines, schlecht gebautes, menschenleeres Städtchen.« Immerhin: »Seine Lage ist indessen gewiß eine der schönsten der Schweiz.«

Ein Tummelplatz der Prominenz

Die hat sich auch nicht verändert, wohl aber die Stadt am Ausfluß der Reuss aus dem See: Als endgültiges Signal für den touristischen Aufbruch mag der Besuch von Queen Victoria von England 1868 gelten – danach war Luzern »en vogue« wie die großen internationalen Seebäder Frankreichs und Englands, ein Boom, der bis zum 1. Weltkrieg anhielt. Der Schwanen (Hôtel du Cygne) wurde 1836 als erstes Seehotel fertiggestellt – er ist noch heute z. T. erhalten, mit einem Restaurant und dem bekannten Juweliergeschäft Bucherer am Schwanenplatz. Schweizerhof- und Nationalquai entstanden und mit ihnen Hotelpaläste wie Schweizer Hof, National, Palace sowie das Casino. Die Gästeliste bot reichlich Prominenz: Tolstoi und »Sissi«, Ludwig Uhland und Victor Hugo, Napoleon III. und Wilhelm II., russischer Adel und englische Lords. Einhergehend mit dieser Entwicklung wurden immer neue Attraktionen eröffnet: Gletschergarten, Löwendenkmal, Bourbaki-Panorama, das Alpineum, zuletzt das Verkehrshaus, inzwischen das meistbesuchte Museum der Schweiz.

Auch ist es heute keineswegs mehr so, daß man vor lauter Bergen die 60 000-Einwohner-Stadt nicht sieht: Längst ist der kunsthistorische Reichtum der Altstadt am rechtsseitigen Reussufer im

Die Kapellbrücke wurde nach dem Brand 1994 wieder originalgetreu aufgebaut

Schatten der von neun Türmen gekrönten Museggmauer erkannt, wenn auch manche in den malerischen Gassen und Plätzen allenfalls die Kulisse für ein Shopping-Paradies sehen.

Blitzsauber präsentiert sich Luzern: Man hält den Schweizer Rekord an Abfallkörben pro Quadratmeter! Der Fortschritt hat aber auch die Autobahn N 2 in die Stadt gebracht, der Kaserne, Waisenhaus und die Ruhe vieler Menschen zum Opfer fielen. Die ganze heile Welt kann auch die »Fremdenstadt« nicht bieten: Daß das Licht in den Bahnhofstoiletten bläulich scheint, um »Drögeler« (Fixer) fernzuhalten, ist nur ein Beleg.

Die Kehrseite des Tourismus

Der Fremdenverkehr bringt vor allem viele Überseereisende aus Asien und den USA nach Luzern. »Die wissen manchmal gar nicht, wo sie sind, wenn sie auf der Kapellbrücke stehen«, so klagen Einheimische, denen Luzern im Schnelldurchgang – Kapellbrücke, Einkauf bei Bucherer, Pilatus- oder Titlisfahrt – mißfällt angesichts von Reisebuskolonnen und Touristengruppen hinter dem Fähnchen des Führers. Der Verkehrsverein argumentiert, daß diese Tagesbesucher ernorm viel Geld in der Stadt lassen, doch Recht haben auch die Kritiker, denn einen längeren Aufenthalt ist Luzern in vielerlei Hinsicht wert.

Auch zukünftig will die Stadt, die über zehnmal soviel Übernachtungsgäste wie Einwohner hat, kräftig expandieren: Man wird eine der acht neuen Spielbanklizenzen erhalten, der Bau des neuen Kultur- und Kongreßzentrums bis 2001 wurde genehmigt, »einer der besten Konzertsäle der Welt« wird dort bereits 1998 eröffnet (die Hotellerie investiert entsprechend). Damit wird man saisonale Unabhängigkeit gewinnen, sind doch Kongreßgäste vielerorts neben Urlaubern längst ein zweites Standbein der Tourismuswirtschaft.

Lauschige Plätzchen an Luzerns Uferpromenade

Hotels und andere Unterkünfte

Zentrale Hotelreservation: Tel. 041/51 71 71. Hotelnachweis nach Schalterschluß Verkehrsverein im Untergeschoß des Bahnhofs, Mai–Okt, Tel. 041/23 52 44. Wichtig bei schriftlicher Vorbestellung: Die Postleitzahl von Luzern lautet 6000.

Hotel Château Gütsch ■ a 4
Gleich einem Märchenschloß thront das Luxushotel über der Stadt und bietet die entsprechend eindrucksvolle Perspektive für Gäste und Besucher, z. B. von der großen Terrasse. Eine Gedenktafel im Hof erinnert daran, daß 1868 Queen Victoria hier urlaubte. Nicht ganz die Wahrheit, denn die wohnte Gütschhöhe 27, Pension Wallis – das Château Gütsch entstand in seiner heutigen Gestalt mit dem charakteristischen Achteckturm erst nach einem Brand im Jahr 1888.

Nach einer keinesfalls durchweg glorreichen Geschichte steht »das schönste Schloßhotel der Schweiz« nach der Renovierung mit zehn Millionen sFr seit 1992 unter neuer Leitung und hat zahlreiche kulturelle und gastronomische Angebote im Programm. Die Standseilbahn, die auf den Gütsch hinaufführt, wurde 1884 eröffnet.
Kanonenstr.
Tel. 041/22 02 72, Fax 22 02 52
62 Betten
Obere Preisklasse

Hotel Krone ■ c 4/d 4
In der Altstadt gelegenes hübsches Hotel.
Weinmarkt 12
Tel. 041/51 62 51, Fax 51 53 15
50 Betten
Mittlere Preisklasse

Montana ■ f 2
1910 im Palasthotel-Stil erbaut; die »kleinste Standseilbahn der Welt« führt von der Haldenstraße zum Foyer. Seit 1944 Eigentum des Zentralverbandes der Hotel- und Restaurantangestellten (Union Helvetica). Exzellente Aussicht.
Adligenswilerstr. 22
Tel. 041/51 65 65, Fax 51 66 76
110 Betten
Jan. geschl.
Obere Preisklasse

Pickwick Garni-Hotel ■ d 3/d 4
Zentrale Lage in der Altstadt.
Rathausquai 6, am Reussufer
Tel. 041/51 59 27, Fax 51 51 08
23 Betten
Untere Preisklasse

Rebstock Garni-Hotel ■ f 2
Erstmals 1560 erwähnt.
St.-Leodegar-Straße 3, bei der Hofkirche
Tel. 041/51 35 81, Fax 51 39 17
58 Betten
Obere Preisklasse

Touristenhotel ■ c 3
Am Rand der Altstadt gelegen. Blick auf die Reuss.
St. Karli-Quai 12
Tel. 041/51 24 74, Fax 52 84 14
100 Betten
Untere Preisklasse

Villa Maria ■ f 2
Am Ortsausgang, frühe Buchung empfohlen.
Haldenstr. 36
Tel. 041/31 21 19
20 Betten
Jan.–Feb. geschl.
Untere Preisklasse

Spaziergang

Der Rundgang beginnt am **Bahnhof**, 1896 eröffnet, 1971 abgebrannt (ein Video vom Großfeuer, bei dem die Kuppel einstürzte, ist im SBB-Souvenir-Shop erhältlich) und 1991 als gelungener funktionaler Neubau wiedereröffnet. Vom Altbau zeugt noch das Portal auf dem Vorplatz mit der Figurengruppe »Zeitgeist« (1907) von Richard Kissling

Großstadt

Über die Seebrücke erreicht man Luzerns Altstadt, Großstadt genannt, mit dem **Haus Zur Gilgen** (1510), dem größten gotischen Wohnhaus der Stadt, und dem **Bagharz Rundturm**, ehemals Teil der Stadtbefestigung. Die **St. Peterskapelle** (Kapellenkirche) am Kapellplatz stellt die älteste Stadtkirche dar.

TOPTEN 1 Durch die Furrengasse, in der unter Nr. 14 an Richard Wagners Stammlokal erinnert wird (das damals nicht Li Tai Pe, sondern Zum Debeli hieß!), vorbei am Renaissancepalazzo **Am-Rhyn-Haus** (Nr. 21) mit der Picassosammlung gelangt man zum Mittelpunkt der Altstadt, dem **Rathaus**, am Kornmarkt, wo unter Nr. 4 im **Zunfthaus zu Pfistern** (1576, nun Restaurant) bis 1876 die Innung der Bäcker und Müller beheimatet war. Luzerns Bäckermeister haben das Gebäude 1977 wieder erworben.

Der Hirschenplatz hat eines seiner markanten Gebäude im **Göldlinhaus** (Nr. 12, 1524–25) mit Renaissanceinnenhof (um 1600) und Wandmalereien (19. Jh.). Das Andenken an Goethe, der 1779 am Platz wohnte, bewahrt nun die »intime Cocktailbar Goethe-Bar« in der nahen Rössligasse!

Der **Weinmarkt** war ehemals als Marktplatz und bürgerliches Zentrum bedeutendster Platz der Stadt, Gerichtsort, Schauplatz der Osterspiele (zwei Tage lang je elf Stunden) und anderer Aufführungen. Der Weinmarktbrunnen (1481–94), dessen Original-Brunnenstock sich nun im Historischen Museum befindet, gilt als schönster der Stadt. Ein weiterer Blickfang: Das **Hôtel des Balances** mit Fassadenmalereien des 19. Jh.

Der Mühlenplatz grenzt an die **Spreuerbrücke**, von Konstruktion und Kunstwerken her bedeutender als die wesentlich bekanntere Kapellbrücke. Oberhalb der Spreuerbrücke besteht in der Reuss seit 1859/60 das **Nadelwehr**, ein Technikdenkmal: Von Hand werden die dreieinhalb Meter langen Hölzer (Nadeln) in den Fluß gesetzt, um den Seespiegel zu regulieren. 1992 ertrank ein städtischer Beschäftigter bei dieser Arbeit, woraufhin die Anlage renoviert und zusätzlich gesichert wurde.

Kleinstadt

Entlang der Reuss oder auch durch die Gassen der sog. Kleinstadt spaziert man in Richtung See. 1666–77 entstand die **Jesuitenkirche** als erste große Barockkirche der Schweiz. Ein Deckengemälde zeigt die Kathedrale samt Türmen, doch kamen die Turmaufsätze erst 1893 hinzu, u. a. finanziert durch eine Lotterie. Nahe der Jesuitenkirche befinden sich die **Franziskanerkirche St. Maria in der Au** (um 1270–80, gotisch, erweitert in verschiedenen Baustilen), in der 42 im Jahre 1622 gemalte Fahnen die Originale ersetzen, und der **Rittersche Palast**, den Tessiner Bauleute 1556–57 im Stil der italienischen Renaissance errichteten; seit 1804 ist der Palazzo kantonaler Regierungssitz.

Von der **Kapellbrücke** kehrt man entweder zum Bahnhof zurück oder setzt den Spaziergang fort: von der

Altstadt hinauf zur **Museggmauer** mit ihren neun Türmen, unterhalb der zwei bedeutende Bauten zu entdecken sind: Das **Museggmagazin** (Museggstr. 37), 1686 als mächtiges Kornhaus entstanden, und die **Ursulinenkirche** (1676–81), 1798 eidgenössischer Regierungssitz. In Luzern sollte der »Nationalpalast des Großen Rates der helvetischen Republik« entstehen, doch zog die Regierung 1799 nach Bern um.

Eine Alternative zu diesem Spaziergang: entlang **Schweizerhofquai** und **Nationalquai**, vorbei an den Hotelpalästen Schweizerhof, National, dem Casino Kursaal und dem Palace, weiter zu Luzerns bedeutendster Kirche, der **Hofkirche**, und hinauf zum Löwenplatz, wo sich mit **Bourbaki-Panorama, Alpineum, Löwendenkmal** und **Gletschergarten** etliche Besucherattraktionen konzentrieren. Wer mag, kann den Weg auch entlang des Quais und der Seepromenade zum Verkehrshaus der Schweiz fortsetzen.

Sehenswertes

Gütsch ■ a 4

Zum Aussichtspunkt mit dem Hotelpalast Château Gütsch verkehrt seit 1884 die Gütschbahn, anläßlich deren Inbetriebnahme das »Luzerner Tagblatt« schrieb: »Wohl nur selten wird ein Fremder Luzern besuchen, ohne sich mittels der bequemen Bahn hinaufwinden zu lassen.«

Hofkirche ■ f 2

An der Stelle von Luzerns Hauptkirche bestand um 768 ein Benediktinerkloster. Die Stiftskirche zu St. Mauritius und Leodegar entstand nach einem Brand 1633–44 als bedeutendster Renaissancebau der Schweiz neu. Die 69 m hohen Türme und der Vorbau stammen noch aus der Spätgotik (1506-16). Wer über den Kirchhof geht, dem offenbaren sich die Hallengräber als ein »Who's who« Luzerner Prominenz.
Anfang Juli–Anfang Aug.
Di 20.30 Uhr Orgelkonzerte.

Die Jesuitenkirche aus dem 17. Jh. gilt als erste große Barockkirche der Schweiz

Kapellbrücke ■ d4

Das Luzerner Wahrzeichen gilt, wenn auch baulich im Lauf der Jahrhunderte immer wieder verändert, als älteste erhaltene gedeckte Holzbrücke Europas, kurz nach 1332 als Wehrgang zwischen Groß- und Kleinstadt und damit als Teil der Stadtbefestigung entstanden, weshalb die Brüstung zum See hin auch höher ist. Am 18. Aug. 1993, nach offizieller Version um 0.50 Uhr, wurde Feuer auf der Brücke gemeldet. Vermutlich hatte eine weggeworfene Zigarettenkippe ein Boot in Brand gesetzt, zwei Drittel der Holzbrücke wurden zerstört, ebenso 63 Bildtafeln aus dem 17. Jh., die Szenen der Stadtgeschichte und aus dem Leben der Stadtpatrone St. Leodegar und St. Mauritius zeigten; von den 48 Bildtafeln, die gerettet werden konnten, waren 15 völlig verkohlt. Die Brücke selbst allerdings war erst Ende der 60er Jahre zu zwei Dritteln neu erbaut worden, insofern wurde kaum historische Bausubstanz vernichtet.

Was erst als Katastrophe für den Fremdenverkehr bezeichnet wurde, sah man bald anders: »Der Brand ist für den Luzerner Tourismus ein Glückstag. Wie sonst wäre die Aufmerksamkeit der Weltmedien zu gewinnen gewesen!« urteilten die »Luzerner Neueste Nachrichten«. Am 14. April 1994 wurde die Brücke mit großem Medienrummel wiedereröffnet; sogar das Schweizer Fernsehen übertrug eine Stunde live, und die Verantwortlichen freuten sich ob des gelungenen »event marketing«. Anstelle der originalen Bildtafeln sind nun Faksimile unterm Holzdach angebracht worden, und auch der 1862 als »Magazin zum Verkauf von sogenannten Fremdenartikeln« eröffnete Souvenirladen, seit 1893 in Familienbesitz, besteht als Kuriosum auf der Brücke wieder. Boote allerdings dürfen nun nicht mehr an der 285 m langen Kapellbrücke ankern – und Hunde dürfen sie nicht passieren!

Der **Wasserturm** am Brückenende, umfänglicher (38 m) als hoch (34,5 m), wurde in der 1. Hälfte des 14. Jh. achteckig aufgemauert und war als Wachtturm ebenfalls Teil der Stadtbefestigung. Er diente u. a. als Archiv und Gefängnis und beherbergt nun den örtlichen Artillerieverein. Das Storchennest auf seiner Spitze hat nun schon seit über 100 Jahren keine Besucher mehr.

Löwendenkmal ■ e1

Das »traurigste und bewegendste Stück Stein der Welt« hat Mark Twain das Löwendenkmal genannt, das der Konstanzer Lukas Ahorn nach dem Entwurf von Bertel Thorwaldsen, dem berühmten dänischen Bildhauer, schuf. Es erinnert an die 850 Schweizer Gardisten, die am 10. Aug. 1792 ums Leben kamen, als sie die königliche Familie in den Tulerien zu Paris gegen die anstürmenden Revolutionäre verteidigen wollten. Die Anregung zu dem Monument kam vom Luzerner Offizier Karl Pfyffer von Altishofen, der auf Heimaturlaub war, als seine Kameraden starben. »Helvetorium Fidei Ac Virtuti«, »Der Treue und Tapferkeit der Schweizer«, steht in der Sandsteinwand gemeißelt, doch war einer demokratischen Öffentlichkeit das Monument als Verherrlichung des Söldnertums, eines »reaktionären Instrumentes der Monarchie«, gar nicht recht. Dennoch zogen – so ein Augenzeuge – »Greise in altmodischen Uniformen und alte Damen mit häßlichen Hüten« 1821 zur Einweihung auf. Die Gegendemonstranten wurden bei ihrer Rückkehr aus Küssnacht von gekauften Metzgersknechten verprügelt.

Museggmauer ■ c 3/d 2
Zum eindrucksvollen Stadtbild von Luzern tragen wesentlich Museggmauer und Museggtürme bei, ein weiterer Teil der Stadtbefestigung, die um 1400–08 angelegt wurde und eine der besterhaltensten und längsten Wehrmauern der Schweiz darstellt. Neun Türme, nachts von Scheinwerfern in Szene gesetzt, erheben sich auf der Anhöhe, beginnend am rechten Reussufer zwischen Spreuer- und Geissmattbrükke: Der runde Nölliturm aus dem Jahre 1513; der Männliturm, den seit Anfang des 15. Jh. eine blecherne Figur mit Standarte schmückt; der Luegisland, mit 52,6 m höchster der Wachttürme; der Heuturm bzw. Wachtturm; der Zytturm mit der ältesten Uhr der Stadt von 1535, die eine Minute vor den anderen Zeitanzeigern Luzerns zur vollen Stunde schlägt; der Schirmerturm, 1994 ausgebrannt; der Pulverturm; der Allenwindenturm; der Dächliturm bzw. Chutzenturm, kleinster der neun.
Von Ostern bis zum 1. Nov. sind Schirmer-, Zyt- und Männliturm und damit ein Teil der Stadtmauer von 7.30–19 Uhr zugänglich.

Rathaus ■ d 4
1602–06 entstanden, gehört es (mit mittelalterlichem Turm) zu den bedeutendsten Renaissancebauten des Landes. In der Arkadenhalle an der Reuss war damals und ist nun wieder Markt. Jeden Dienstag und Samstag werden vormittags Obst und Gemüse angeboten. Die Halle im Erdgeschoß, nun Ausstellungsraum, war früher ein Kaufhaus.

Spreuerbrücke ■ c 4
Wegen ihrer Konstruktion und den 46 erhaltenen dreieckigen Bildtafeln des Totentanzzyklus (1625–35) von Caspar Meglinger gilt die Holzbrükke als bedeutender als ihr seenaher »Rivale«, die Kapellbrücke – aber die ist nun mal berühmter. Die Spreuerbrücke schloß 1407–08 die Lücke zwischen den Mauerringen.

Das Löwendenkmal erregte bei der Einweihung 1821 die Gemüter

Museen

Alpineum ■ e 1
Die Landschaftsmaler Ernst Hodel sen. (†1902) und Ernst Hodel jun. (†1955) schufen die fünf Bergdioramen (Großgemälde mit plastischem Vordergrund), die Nachkommen der Familie nach langjähriger Schließung 1993 wieder der Öffentlichkeit zugänglich gemacht haben.
Denkmalstr. 11,
nahe Löwendenkmal
Mai–Okt. tgl. 9–18 Uhr
Eintritt 4 sFr

Bourbaki-Panorama ■ e 1/e 2
Nur noch 15 Großpanoramen sind in der Welt zu besichtigen – dieses, eines der größten Ölgemälde der Welt, fertiggestellt 1881, zeigt den Übertritt der französischen Ostar-

TOPTEN 10

mee unter dem Kommando von General Bourbaki bei Les Verriès in die Schweiz im deutsch-französischen Krieg 1870/71 – kein kriegsverherrlichendes Riesengemälde wie in dieser Zeit üblich, sondern durch die realistische Schilderung des Elends eine Mahnung zum Frieden (Kommentar vom Tonband).
Löwenstr. 18, beim Löwendenkmal
Mai–Sept. tgl. 9–18 Uhr, Okt.–Nov. und Jan.–April tgl. 9–17 Uhr
Eintritt 3 sFr (mit Gletschergarten 8,50 sFr)

Gletschergarten ■ e 1
1872 entdeckte ein Angestellter, der einen Weinkeller bauen wollte, einen ersten Gletschertopf als Spur der Eiszeit – seit 1873 sind »Ameins Löcher« öffentlich, heute gemeinsam mit dem Museum, dem rekonstruierten Spiegellabyrinth von 1896 nach dem Vorbild der Alhambra von Granada, Botanischem Garten und Aussichtsturm zu besichtigen.
Denkmalstr. 4, beim Löwendenkmal
Mai–Mitte Okt. tgl. 8–18 Uhr, Mitte Okt.–Mitte Nov. und März–April tgl. 9–17 Uhr
Eintritt 7 sFr (mit Bourbaki-Panorama 8,50 sFr)

Schlachtenmalerei mit sozialkritischem Anstrich: das Bourbaki-Panorama

Historisches Museum ■ c 4
Das Kantonale Museum für Geschichte, Kulturgeschichte und Volkskunde ist im 1567–68 erbauten Zeughaus untergebracht. Hier soll zukünftig auch das – derzeit nicht mehr bestehende – Trachtenmuseum einen Platz finden.
Pfistergasse 24
Di–Fr 10–12 und 14–17,
Sa–So 10–17 Uhr
Eintritt 4 sFr

Kunstmuseum ■ e 4
Das Kunst- und Kongreßhaus (1931–33 erbaut) soll 1997 abgerissen und bis zum Jahr 2001 durch das neue Kultur- und Kongreßzentrum ersetzt werden.
Robert-Zünd-Str. 1, beim Bahnhof
Sommer: Mo–Di, Do–Fr 10–17,
Mi 10–21 Uhr
Winter: Di, Do–So 10–17,
Mi 10–21 Uhr
Eintritt 7 sFr

Natur-Museum ■ c 4
Die Ausstellung, die 1987 vom Komitee »Europapreis für das Museum des Jahres« ausgezeichnet wurde, befindet sich im rekonstruierten Waisenhaus (1812), das der N 2 weichen mußte. Tonbildschau »Palaeovision« zur Geschichte der Erde, Aquarien, Terrarien, Pilzcomputer.
Kasernenplatz 6
Di–Sa 10–12 und 14–17,
So 10–17 Uhr
Eintritt 4 sFr
(Sonderausstellungen 5 sFr)

Picasso-Museum ■ d 3/d 4
Die kleine, aber hervorragende Sammlung befindet sich im geschichtsträchtigen Am-Rhyn-Haus in der Luzerner Altstadt.
Furrengasse 21
April–Okt. tgl. 10–18, Nov.–März
tgl. 11–13 und 14–16 Uhr
Eintritt 6 sFr

Richard-Wagner-Museum
Der Komponist lebte 1866–72 auf dem um 1800 erbauten Herrschaftssitz auf der Halbinsel Tribschen und vollendete dort »Meistersinger«, »Siegfried«, »Götterdämmerung«.

In der Luzerner Matthäuskirche heirateten 1870 Richard Wagner und Cosima von Bülow-Liszt; Sohn Siegfried Wagner leitete später das Luzerner Kurorchester, seine Tochter Friedelind (†1991) verbrachte den Lebensabend z. T. in der Stadt.
Richard-Wagner-Weg 27
(Bus 6 oder 7 bis Wartegg)
Feb.–Mitte April Di, Do,
Sa–So 10–12 und 14–17 Uhr,
Mitte April–Okt. Di–So 10–12
und 14–17 Uhr; Nov.–Jan., nur
für Gruppen nach Voranmeldung
(Tel. 041/44 23 70)
Eintritt 5 sFr

Verkehrshaus der Schweiz mit Hans-Erni-Kunstmuseum
TopTen 2
Das größte und meistbesuchte Museum der Schweiz, das größte Verkehrsmuseum Europas in zwölf Gebäuden, zählt jährlich 500 000 Besucher: Einen halben Tag sollte man für den Besuch reservieren und sich gleich zu Beginn orientieren, wann welche Vorführung präsentiert wird, z. B. das Swissorama (360-Grad-Rundprojektion), das einzige Groß-Planetarium der Schweiz, das Cosmorama (Raumfahrtgeschichte) oder der Bahnbetrieb der Gotthardrampe im Modell. Nicht versäumen: den »Tourismusflipper« – ein überdimensioniertes Spielzeug, das zeigt, wer alles am Tourismusgeschäft teilhat. Das Erni-Haus präsentiert 300 Werke des Schweizer Künstlers.
Lidostr. 5 (Schiffsstation Lido)
März–Okt. tgl. 9–18, Nov.–Febr.
Mo–Sa 10–16, So 10–17 Uhr
Eintritt 15 sFr (Privatmuseum, Trägerverein mit 21 000 Mitgliedern)

Essen und Trinken

Bahnhofsbuffet ■ e 4
Selbstbedienung; Rösti, Waien u.a.m.; im Bahnhof, untere Halle.
Tel. 041/23 57 77
bis 21 Uhr (Bahnhofsrestauration über den Plattformen bis 0.15 Uhr)
Untere Preisklasse

Café Krienbachhof ■ c 4
Schöner Innenhof mit Sitzplätzen im Freien und Spielplatz für Kinder. Kein Alkoholausschank.
Rütligasse 2
Sa bis 17, sonst bis 19 Uhr

Caféteria Emilio ■ d 3
Tagesmenü, viele Plätze im Freien
Ledergasse 10, Altstadt
Tel. 041/51 29 98
Mo–Fr bis 20, Sa–So bis 18 Uhr
Untere Preisklasse

Helvetia ■ d 6
Typische »Beiz«, abends sehr belebt, Plätze im Freien
Waldstätterstr. 9
Tel. 041/23 44 50
So. geschl.
Untere Preisklasse

Hotel-Restaurant Hofgarten ■ e 2
Vegetarisch, schöner Gartenhof.
Stadthofstr. 14, Nähe Hofkirche
Tel. 041/52 88 88
Mittlere Preisklasse

Locanda Ticinese ■ d 5
Italienische Küche, Garten am ruhigen Park.
Morgartenstr. 13, beim Bahnhof
Tel. 041/23 92 32
Untere Preisklasse

Montana Panorama-Hotel-Restaurant ■ f 2
Traditionshaus, schöner Ausblick.
Adligenswilerstr. 22
Tel. 041/51 65 65
Mittlere Preisklasse

Movie Restaurant-Bar ■ c 4
Populärer Treff; Steak, Burger, Pasta.
Metzgerrainli 9, Altstadt
Tel. 041/51 36 31
Mittlere Preisklasse

Schiffsrestaurant »Wilhelm Tell« ■ e 3
Originell und Touristisch.
Schweizerhofquai/Landungssteg 9
Tel. 041/51 23 30
April–Okt.
Mittlere Preisklasse

DER BESONDERE TIP

Man sitzt vor dem historischen Gebäude mit Blick auf die Hofkirche, im behaglichen Innern oder in dem schönen Gartenhof: Dies alles sind Vorzüge des **Rebstock Wirtshuus,** das aber vor allen Dingen bei mittleren Preisen eine internationale, einfallsreiche Küche serviert – z. B. geschmorte Zwiebeln mit pikanter Rindfleisch-Gemüsefüllung auf Kartoffel-Lauchrahmgemüse. St.-Leodegar-Straße, Tel. 041/51 35 81, Mittlere Preisklasse ■ f 2

Walliser Kanne ■ c 4/c 5
Fonduespezialitäten.
Burgerstr. 3
Tel. 041/23 07 47
Mittlere Preisklasse

Hotel-Restaurant Wilder Mann ■ d 4
Gourmet-Restaurant links der Reuss, »Geranienterrasse«.
Bahnhofstr. 30
Tel. 041/23 16 66
Obere Preisklasse

Einkaufen

Die Altstadt, vor allem Weggisgasse, Hertensteinstraße und Weinmarkt, gilt als Shopping-Paradies. Viele Geschäfte findet man auch auf dem linken Reussufer (Pilatusstraße). Mo–Mi, Fr 9– 18.30, Do 9–21, Sa 9–16, im Sommer teils auch ab 11 Uhr; Bahnhofs-Shopping täglich 9–20 Uhr. Die meisten Geschäfte akzeptieren Kreditkarten.

Antiquariat Stocker ■ c 4/d 4
Stöbern unterm Dach: ein breites Angebot vergriffener Bücher.
Weinmarkt 8

Bahn-Souvenirs der SBB ■ e 4
Videos, Pins, Taschenuhren und ein Video vom Bahnhofsbrand (!).
Bahnhof, untere Halle

Boutique Monique ■ d 4
Puppen, Teddies, Miniaturen.
Theaterstr. 13

Bucherer AG ■ d 3/e 3
»Flaggschiff« der örtlichen Schmuck- und Uhren-Fachgeschäfte.
Schwanenplatz 5
Sa auch 20.30–22, So 10–12 Uhr

Chäs Barmettler ■ e 2
Gutsortierte Käsehandlung.
Museumsplatz

Collectors Gallery ■ d 3/e 2
Nach eigenen Angaben »größte Swatch-Uhren-Sammlung der Welt«
Hertensteinstr. 35

Der Raddampfer »Wilhelm Tell« ist heute ein schwimmendes Restaurant

Confiserie au Cœur fou ■ d 3/d 4
Viele Produkte dieses allseits geschätzten Schweizer Gewerbes.
Kornmarktgasse

Dreamland
Franz Carl Weber ■ d 3
Größtes Spielzeuggeschäft am Ort, Miniatur-Seilbahnen.
Grendelstr./Hertensteinstr.

Flohmarkt ■ c 4
Raritäten am linken Reussufer.
Mai–Okt. Sa Burgerstr./Reussteg

Gemüse-Frucht-Markt ■ d 4
In der Arkadenhalle des Rathauses an der Reuss.
Di und Sa vormittag

Handwerksmarkt
Zugelassen sind ausschließlich Kunsthandwerksproduzenten.
April–Dez. 1. Sa im Monat
Weinmarkt, im Dez. auch Weihnachtsmarkt

Hauptpost ■ e 4
Philatelieschalter, Pinsortimente.
Bahnhof-/Pilatusstr.
Sa nur 8–11 Uhr

Innerschweizer Heimatwerk ■ c 4
Zusammenschluß von Kunsthandwerkern der Zentralschweiz.
Franziskanerplatz 1
Mo nur nachmittags

Kupferstich-Boutique ■ c 4/d 4
Große Auswahl an Ansichten vom Vierwaldstätter-See.
Weinmarkt 17
Mo geschl.

Metropolitan Museum of Art
New York-Shop ■ d 3
Kunstpostkarten und -poster aus dem weltberühmten Museum.
Weggisgasse 30
Mo nur nachmittags

Raeber Bücher ■ d 5/e 5
Größte Buchhandlung der Zentralschweiz, im Gutenberghof von 1905.
Frankenstr. 7–9

Schmid-Linder ■ e 1
Seit 1908; Riesenangebot an Holzschnitzereien und Spieluhren – man spricht japanisch!
Denkmalstr. 9
1. So nach Ostern–Ende Okt. auch So 10–18 Uhr

Weinhandlung Aellen ■ c 4/d 4
Auch viele Schweizer Weine.
Weinmarkt 8

Am Abend

Broadway Dancing
Größte Disko der Zentralschweiz, außerhalb, an der Straße Kriens–Horw, Livemusik und -shows.
Tel. 041/47 20 10
Tgl. 20–2.30 Uhr

Flora ■ d 4
Mit Disko, Brasserie, Piano-Cocktailbar.
Seidenhofstr. 5
Tel. 041/24 44 44
Tgl. bis 2 Uhr

Jazz Club
Im »Flora Chäller«/Flora und im »Le Chalet«/Kursaal Casino (Festival Lucerne Jazz Five, Anfang Mai).
Tel. 041/22 75 88

Kulturzentrum Boa
Alternativszene, Theater, Jazz, Techno u.a.
Geissensteinring 41
Tel. 041/44 45 88

Kursaal Casino ■ f 2
Dancing, Roulettebar, Spielsaal (Höchsteinsatz 5 sFr), Nightclub »Red Rose«. Allabendlich im »Le Chalet« die »Swiss Folklore Show«.
Haldenstr. 6
Tel. 041/51 27 51

Night-Boat-Seerundfahrt
Tanz, Folklore, Restauration, 36–90 sFr.
Mai–Sept. tgl. 20.45–22.45 Uhr, Pier 6
Tel. 041/47 44 46

Restaurant Stadtkeller ■ d 3
Schweizer Folklore-Show mit Alphornblasen und Fahnenschwingen.
Tgl. 12.15 und 20 Uhr
Sternenplatz 3
Tel. 041/51 47 33
Mittags 43–54 sFr,
abends 52–63 sFr

Stadttheater ■ d 4
Dreispartenhaus, Studiobühne
Theaterstr. 2
Tel. 041/23 66 18, 23 66 19

Service

Auskunft ■ e 5
Verkehrsverein Luzern/ Tourist-Information
Der Verkehrsverein organisiert Ausflüge, z. B. zum Pilatus und Titlis, Packagetouren (»Stadterlebnis«), kulinarische Programme (vom »Güggeli-Menü ab 27.50 sFr bis zum 7-Gänge-Schloßmenü auf dem Gütsch) u.v.a.m.

Mit der vom Hotel abgestempelten Gästekarte vom Titel des »City Guide« werden Vergünstigungen in Museen, Lokalen, bei Autovermietungen u.a.m. gewährt.
Frankenstr. 1
6002 Luzern
Tel. 041/51 71 71, Fax 51 73 34
Sommer Mo–Fr. 8.30–18, Sa 9–17, So und Feiertage 9–13 Uhr
Winter Mo–Fr 8.30–12 und 14–18, Sa 9–13 Uhr
Ostersonntag, Pfingstsonntag, Allerheiligen geschl.

Abendliches Kommen und Gehen auf der Reussbrücke

Zentralschweiz-Tourismus ■ e 2
Alpenstr. 1
6002 Luzern
Tel. 041/51 18 91
(ab 4.11.95 ändert sich die Nummer, dann Tel. 410 18 91), Fax 51 72 60
Mo–Fr 9–12 und 14–17 Uhr

Fundbüro ■ c 4/c 5
Burgerstr. 24
Tel. 041/21 78 08

Galerien
Ein Sonderprospekt ist im Verkehrsverein erhältlich.

Kostenloser City-Bus
Mo 14–18.45, Di–Fr 10–12.15, 14–18.45, Sa 9–12.15 und 14–17.30 Uhr, verkehrt auf der Route Bahnhof–Stadttheater–Franziskanerplatz–Rössligasse–Weggisgasse–Schwanenplatz–Bahnhof.

Schiffahrt
Luzern ist Ausgangspunkt aller Schiffskurse und -touren für den Vierwaldstätter See. Abfahrt gegenüber vom Bahnhof.
SGV
Werftestr. 5
6002 Luzern
Tel. 041/40 45 45 (Info), 40 45 40 (Tischreservierung)

Stadtführungen
Ende März–Okt. Mo–Fr und Feiertage (außer So) 9.30, Mitte Mai–Sept. Sa 14 Uhr Turmbummel, jeweils ca. 2 Std. Dauer. Ab Tourist Information, Frankenstr. 1, Preis 15 sFr inkl. ein Getränk nach Wahl.

Ausflugsziele

Alpnach und Alpnachstad ■ C 4

Alpnachstad am Alpnacher See, einem Teil des Vierwaldstätter Sees, war ehemals Umschlaghafen des Kantons Obwalden und hat seine heutige Bedeutung als Zubringer zur Pilatusbahn, halten hier doch die Brünig-Bahn (seit 1889) und nicht weit vom Bahngebäude die Schiffe. Alpnach, das schon zu römischer Zeit besiedelt war, wie Ausgrabungen 1913 ergaben, hat seinen dörflichen Charakter bewahrt. Das bedeutendste Gebäude ist die klassizistische katholische Pfarrkirche St. Maria Magdalena (1820–20 erbaut) mit ihrem hohen Turm.

Service

Verkehrsverein
6055 Alpnach/Alpnachstad
Tel. 041/96 12 44

Hergiswil ■ C 4

Am Seeufer ist die »Glasi« in Betrieb, die älteste Glashütte der Schweiz, die 1975 vor der Stillegung gerettet werden konnte. Die **Hergiswiler Glashütte AG** ermöglicht die Firmenbesichtigung und den Besuch der Ausstellungen zur Hüttengeschichte seit 1817 und zur Glaskunst. Für den Direktverkauf bestehen ein Erste- und Zweite-Wahl-Laden (letzterer offeriert verbilligt Produkte mit kleineren Fehlern).
Tel. 041/95 12 23
Mo–Fr 9–12und 13.30–17.30 (Zweite-Wahl-Laden –18.30),
Sa 9–12 und 13.30–16 Uhr

Horw ■ B 3/C 3

Der Ort vor Luzerns Toren liegt auf der Horwer Halbinsel, die im Sommer von den Schiffen angefahren wird. Stationenen sind auch Kastanienbaum und St. Niklausen mit den bekannten Hotels, traditionelle Luzerner Ausflugsziele.

Kriens ■ B 3

Der Ort gilt als »Schlafstadt« von Luzern und verfügt über sechs Hotels. Über »Das Alphorn von A bis Z« (Ausstellung) und die Produktion des Instruments informiert:

Alphornbau Stocker
Industriegebiet Schweighof
Tel. 041/48 88 86
Mo–Fr 8–12 und 14–18 Uhr
Bus Nr. 1 ab Luzern

Service

Auskunft
Verkehrsverein Kriens
Postfach 329
6010 Kriens
Tel. 041/42 16 44, 42 11 74

Pilatus ■ B 4

Steilste Zahnradbahn der Welt«, lockt ein Transparent zur Reise auf den 2 129 m hohen Pilatus – eine Fahrt, die viele Kurzbesucher mit der Visite im nahen Luzern verbinden. Der seltsame Name beruht auf einer Sage: Pontius Pilatus, der weder im römischen Tiber- noch im Rhonetal seine letzte Ruhe fand, soll in einem See auf dem »Fractus Mons«, dem »zerbrochenen Berg«, gehaust haben – ein böser Wettergeist, den man nicht stören sollte. Es war bei Strafe verboten, den Bergsee aufzusuchen, und noch 1564 wurden zwei Männer, die dorthin aufgestiegen waren (was angeblich ein schweres Unwetter auslöste), in Luzern »in den Turm gelegt«. 1585 nahm der Rat von Luzern den See in Augenschein, und 1594 machte man dem bösen Geist den Garaus, indem man das Wasser abgrub (1980 ist der Pilatussee auf der Oberalp neu entstanden).

Die beste Art, den Berg mit seinen fantastischen Aussichten zu besuchen, ist eine Rundfahrt: ab Alpnachstad (Schiffsstation) per Zahnradbahn nach Pilatus Kulm mit den beiden Hotels (Selbstbedienungsrestaurant, Terrassen) in 2 132 m Höhe, der Felsengalerie, dem Weg zum Oberhaupt und dem Tomlinshorn (Fahrtdauer 30–40 Minuten). Von Kulm reist man in fünf Minuten mit der Seilbahn nach Fräkmüntegg (1 400 m, Berggasthaus) und weiter hinab mit der Gondelbahn in 30 Minuten über Krienseregg (1 000 m) nach Kriens (516 m). Von der Talstation führt ein kurzer Weg zur Haltestelle von Bus Nr. 1, der Kriens mit Luzern verbindet. Die Zahnradbahn ist nur von Mitte Mai bis November in Betrieb, Gondeln und Seilbahn aber ganzjährig.

Bevor die Bahn 1889 offiziell erstmals zum Gipfel hinaufkletterte, waren dort bereits Hotels vorhanden: 1860 das Hotel Pilatus Kulm, dessen Neubau von 1890 noch besteht, und das Hotel Klimsenhorn (abgerissen), weiter das Bellevue auf Kulm, 1960 abgebrannt und 1963 durch den modernen Rundbau ersetzt. Da die Häuser im Winter geschlossen blieben, lebte dort nur noch jemand, der die Aufsicht hatte. 1864 aber wurde der Wächter des Bellevue von einem Unbekannten in der Bergeinsamkeit ermordet, und von da an brachte man alle wertvollen Gegenstände im Herbst zu Tal, um sie im Frühjahr wieder hinaufzutragen.

Der Erfolg der Rigibahn ermutigte zu ähnlichen Plänen für den Pilatus, die unter Leitung des Züricher Ingenieurs Eduard Locher bis zur Jungfernfahrt 1888 (Eröffnung 1889) in 400 Arbeitstagen realisiert wurden. In drei kurzen Bergsommern waren bis zu 600 Italiener und Schweizer mit dem Bau beschäftigt; in der steilen Eselswand mußten sie an Seilen herabgelassen werden, um die Trasse zu legen. Die mit 48 Prozent Steigung steilste Zahnradbahn der Welt verläuft nun von 441 auf 2070 m Höhe und hat eine Länge von 4,6 km.

1954 eröffnete die Gondelbahn nach Fräkmüntegg, 1956 die Luftseilbahn von Kriens. Vor Fertigstellung der Zahnradbahn hatten jährlich etwa 3000 Menschen den Gipfel besucht, nun kamen im ersten Betriebsjahr über 34000, obwohl die Reise ein Luxus war: Der Fahrpreis von 16 sFr entsprach dem Wochenlohn eines eidgenössischen Arbeiters.

Hotels

Hotel Bellevue
Moderner Hotelrundbau, 1963 eröffnet.
6010 Kriens-Pilatus
Tel. 041/96 12 55, Fax 96 26 35
50 Betten
Mittlere Preisklasse

Hotel Pilatus Kulm
Älteste Herberge auf dem Gipfel, 1890 erbaut.
6010 Kriens-Pilatus
Tel. 041/96 12 55, Fax 96 26 35
30 Betten
Mittlere Preisklasse

Service

Auskunft
Pilatus-Bahnen
Inseliquai 8
6002 Luzern
Tel. 041/23 93 63

Sonderveranstaltungen
Die Pilatusbahnen bieten eine Reihe von Sonderarrangements an, etwa die Rundfahrt mit Übernachtung inkl. Sonnenunter- und Sonnenaufgang oder ein Nachtessen mit Armbrustschießen. Zu Sonderveranstaltungen reisen Rockbands oder klassische Musiker auf den Gipfel, dessen Silhouette seit 1991 nachts bei schönem Wetter angestrahlt wird – ein einzigartiger Anblick vom Tal.

Gipfelschluck im Hotel Pilatus Kulm

Blick vom Pilatus in die vom Nebel gefüllten Senken

Hohle Gasse, Gesslerburg, Telldenkmal: Küssnacht setzt auf den Nationalhelden ebenso wie auf seine schöne Lage am Nordwestfuß der Rigi.

Küssnacht

■ C2

Gerade einmal drei Kilometer sind es von der Schiffsstation des Ortes am Vierwaldstätter See nach Immensee an den Gestaden des Zuger Sees – und natürlich sollte dieser Spaziergang durch den »berühmtesten Hohlweg der Welt« führen, die **Hohle Gasse**, in der Tells Pfeil den Landvogt Gessler ums Leben gebracht haben soll. »Durch diese hohle Gasse muß er kommen, es führt kein anderer Weg nach Küssnacht«, hielt Friedrich Schiller fest und läßt den Tell dort sagen: »Es kann der Frömmste nicht in Frieden bleiben, wenn es dem bösen Nachbarn nicht gefällt.« Auch Küssnacht hat seinen Tell, in Gestalt einer Bronzeplastik auf dem Kirchplatz, der am Ende der Hauptstraße des Ortes, der Unterdorfstraße, liegt. Dem Namen nach erinnert die **Gesslerburg** am Ortsrand an die Tellgeschichte, doch hat der Landvogt dort nie gelebt. Zu Küssnacht gehören das »Geraniendorf« **Merlischachen** und **Immensee**. Im Gegensatz zu seinen Nachbarorten Meggen und Weggis ist Küssnacht nicht mehr dem Kanton Luzern, sondern dem von Schwyz zugehörig.

Meilenstein auf den Spuren Tells: Hohle Gasse in Küssnacht

Hotels und andere Unterkünfte

Hotel Hörnli
Am Ortsrand, gemütliche Atmosphäre, Bar – Dancing.
Tel. 041/81 60 81, Fax 81 48 35
70 Betten
Mittlere Preisklasse

Hôtel du Lac Seehof
Familienbetrieb am Schiffsanleger, Restaurant (→ Der Besondere Tip, S. 54).
Tel. 041/81 10 12, Fax 81 56 96
Mittlere Preisklasse

Swiss-Chalet
Bauernhaus aus dem 17. Jh. in Merlischachen.
Tel. 041/37 12 47, Fax 37 12 50
40 Betten
Untere Preisklasse

Sehenswertes

Astrid-Kapelle
Am Ortseingang aus Richtung Luzern wurde die Kapelle 1936 zur Erinnerung an Königin Astrid von Belgien erbaut, die dort am 29. Aug. 1935 im Alter von 29 Jahren ums Leben kam, als der von König Leopold gesteuerte neue Packard mit einem Birnbaum kollidierte. Die königliche Familie war unterwegs von Villa Haslihorn in Horw ins Engadin.

Im Zuge des Straßenneubaus wurde das Bauwerk, das König Baudouin und Königin Fabiola zu Astrids 50. Todestag 1989 besuchten, ans Seeufer verlegt. Das Unglück war Anlaß für den ersten Nachtflug in der Geschichte der Swissair, die Fotos vom Geschehen nach London brachte.

»Gesslerburg«
Nahe der Straße zur Seebodenalp führt am Ortsrand ein Weg zur Burgruine. Wilhelm Tells Konterpart Vogt Gessler hat auf Burg Küssnacht allerdings nie gelebt. Die Burg wurde erstmals 1263 erwähnt, 1352 von den Österreichern zerstört, wiedererbaut und Anfang des 16. Jh. aufgegeben. Danach diente sie den Küssnachtern als Steinbruch, u. a. für den Bau der Pfarrkirche.

Hohle Gasse und Tellskapelle
Der alte Verbindungsweg von Küssnacht nach Immensee soll Schauplatz der tödlichen Begegnung zwischen Wilhelm Tell und Landvogt Gessler gewesen sein. Bis 1937 war die Hohle Gasse eine Fahrstraße, dann konnte sie dank einer Spendenaktion der Schweizer Schuljugend zurückgebaut und eine Umgehungsstraße angelegt werden.
An der Tellskapelle von 1638 zeigen Wandbilder aus dem Jahre 1905 von Hans Bachmann Gesslers und Tells Tod.

Museum

Heimatmuseum
Das 1951 begründete Museum im Unterdorf beim Kirchturm informiert über die Geschichte von Gesslerburg und Hohler Gasse. Eine ausführliche Dokumentation ist dem Tod der Königin Astrid gewidmet. Tonbildschau zu Bräuchen wie dem am Vorabend des Nikolaustages stattfindenden Klausjagen und der Sennenchilbi, einer Art Jahrmarkt. Kurioses Ausstellungsstück: der letzte erhaltene Stuhl, mit dem Reisende im 19. Jh. – getragen von starken Männerhänden – auf die Rigi befördert wurden.
Pfingsten–Mitte Sept.
So 10–17 Uhr, sonst auf tel. Anfrage beim Verkehrsbüro

Essen und Trinken

Gasthof Frohsinn
Ein Favorit der Chauffeure (Fernfahrer).
Ortsausgang Richtung Autobahn
Tel. 041/81 13 16
Untere Preisklasse

Landgasthof Strauss
In Meierskappel, 4 km von Küssnacht.
Tel. 042/64 11 65
Mo–Di geschl.
Mittlere Preisklasse

Hotel Widder
Bodenständiges Speiserestaurant, eigene Metzgerei
Hürtelstr.
Tel. 041/81 22 22
Untere Preisklasse

Service

Auskunft
Verkehrsbüro
6403 Küssnacht
Tel. 041/81 33 30, Fax 81 34 30

Ausflugsziele

Greppen ■ C3

Das kleine verträumte Dorf – das Ortsbild ist von nationaler Bedeutung – liegt am Südufer der Küssnachter Bucht und verfügt über einen Bootshafen. Mittelpunkt des Ortes ist die 1645–47 erbaute St. Wendelin-Kirche. Das heutige Hotel St. Wendelin verweist auf ein 1659 verliehenes Tavernenrecht.

Essen und Trinken

Hotel-Restaurant Rigi-Drei Eidgenossen
Fischspezialitäten.
Tel. 041/81 43 49
Mittlere Preisklasse
Mi geschl.

Service

Auskunft
Verkehrsverein
6404 Greppen

Der Besondere Tip

Das **Hôtel du Lac Seehof** in Küssnacht besitzt eines der schönstgelegenen Gartenrestaurants am See. Man sitzt unter hohen alten Bäumen gleich beim Schiffsanleger, mit Blick auf den ruhigen Küssnachter See. Das 30-Betten-Haus bietet eine reichhaltige Speisekarte. Tel. 041/81 10 12, Fax 81 56 96, Mittlere Preisklasse ■ C 2

Meggen ■ C 3

Zu Anfang des Jahrhunderts noch ein Bauerndorf, wurde der Ort am See aufgrund der Nähe zu Luzern, der schönen Lage am Südhang und seines niedrigen Steuersatzes zum begehrten Wohnsitz. Die wohlhabende Gemeinde hat mit Erfolg versucht, Bauboom und Landschaftsschutz in Einklang zu bringen.

Von Weitsicht geprägt war ihre Entscheidung, 1974 das Schloßgut Meggenhorn mit seinem 22 ha großen Park zu kaufen, wobei ein glücklicher Umstand half: Der Verkauf an eine Immobiliengesellschaft schien bereits perfekt, als eine der beiden Erbinnen, Töchter des Zürcher Textilindustriellen Frey-Baumann, erfuhr, daß auf dem Areal Massentierhaltung vorgesehen war. Als engagierte Tierschützerin setzte sie daraufhin den Vertrag mit der Gemeinde durch, die lediglich 800 000 sFr bezahlen mußte: Beide Industriellentöchter hatten 1974 eine jährliche Leibrente von je 200 000 sFr vereinbart und sind 1978 verstorben, womit Meggens Zahlungsverpflichtungen erloschen. Das Schloßgut (→ Der Besondere Tip, S. 57) erfreut sich heute als Trauort japanischer Paare großer Sympathie.

Im Ortskern beeindruckt die fensterlose **Piuskirche**, 1964–66 aus lichtdurchlässigem griechischen Marmor errichtet. Nur von außen einzusehen ist die sog **Neuhabsburg**. Die Ruine der Burg, um 1244 erbaut und 1352 zerstört, und Schloßvilla Neuhabsburg (1867–71) befinden sich beide in Privatbesitz.

Öffentlich zugänglich, z. B. im Rahmen von Konzerten der Internationalen Musikfestwochen Luzern, ist dagegen die **St.-Charles-Hall**. Marie Harriet von Riedemann, Witwe des Chefs der Deutsch-Amerikanischen Petroleum-Gesellschaft, der späteren ESSO, ließ 1924 die neubarocke Villa bauen. Dank der Stiftung des Zürcher Industriellen-Ehepaars Fischbacher-Labhardt ist die Villa samt der großen Kunstsammlung seit 1963 in Gemeindebesitz.

Oase mit Seeblick: Das Gartenrestaurant des Hotels du Lac Seehof in Küssnacht

Essen und Trinken

Hotel-Restaurant Angelfluh am See
Fischküche, italienische Spezialitäten, Seeterrasse, schöne Lage.
Tel. 041/37 44 44
Mittlere Preisklasse

Hotel-Restaurant Sonnegg
(→ Essen und Trinken, Der Besondere Tip, S. 20)

Service

Auskunft
Verkehrsbüro
Dropa-Drogerie Küttel
6045 Meggen
Tel. 041/37 26 05, Fax 37 46 05

Rundgang
Im Verkehrsbüro ist ein Plan mit Vorschlägen für einen Spaziergang und zwei Autotouren erhältlich.

Seebodenalp ■ D 2

Eine Luftseilbahn verkehrt von Küssnacht zu dem Ausflugsziel in 1 030 m Höhe, das sich im Sommer als Wandergebiet eignet und im Winter für Skilauf, Langlauf und Rodeln genutzt wird (Hotel-Restaurant Rigi-Seebodenalp, Alpwirtschaft Alt-Ruodisegg, letztere nur Frühling bis Herbst geöffnet).

Zug und Zuger See ■ D 1

Unbedingt einen Besuch wert ist Zug am Ufer des 38,3 qkm großen Zuger Sees. Die Hauptstadt des kleinsten Vollkantons der Schweiz überrascht durch ein teils großstädtisches Erscheinungsbild: Als steuergünstiger Kanton wurde die Stadt Sitz zahlloser Handels- und Finanzgesellschaften.

Man erreicht Zug aus Richtung Küssnacht am besten mit dem Schiff ab Immensee. Den Hauptanzie-

Vielleicht die schönste Jahreszeit am Vierwaldstätter See: der Frühling

hungspunkt stellt die Altstadt mit **Zytturm** (Mitte 13. Jh.), **Rathaus** (um 1505), **Burg** (im Zustand von 1770 restauriert, Museum Di–Fr 14–17, Sa/So 10–12 und 14–17 Uhr) und **St. Oswald** (1478–83), einem der bedeutendsten spätgotischen Bauwerke des Landes, dar. Das **Fischereimuseum**, das u. a. auch über den ökologischen Zustand des Sees informiert, hat von Mitte April bis Ende Mai geöffnet, ansonsten nach Voranmeldung (Tel. 042/ 21 91 30). Eine weitere lohnende Station der Schiffstour stellt **Cham** dar, 1991 für gute Ortsplanung und intaktes Ortsbild ausgezeichnet.

Auch Immensee ist ein beliebter Ferien- und Ausflugsort, dessen Lokalitäten wie »Rigi-Royal« und »Schlüssel« insbesondere am Wochenende ein Ziel sind. Sehr beliebt ist auch der Spaziergang vom Ort zum Seehotel Baumgarten am Waldrand, das eine Schiffsstation hat und ebenso wie Immensee von der Schiffahrtsgesellschaft für den Zuger See (SGZ) angelaufen wird.

Hotel

Seehotel Rigi-Royal
Am Schiffsanleger in Immensee, Strandbad, Seeterrasse.
Tel. 041/81 31 31, Fax 81 31 37
70 Betten
Jan. geschl.
Mittlere Preisklasse

Service

Auskunft
Verkehrsverband des Kantons Zug
Alpenstr. 15
6304 Zug
Tel. 042/21 37 97, Fax 21 02 77

Schiffahrt
Die Schiffahrtsgesellschaft (SGZ) für den 38,3 qkm großen Zuger See verkehrt ganzjährig nach Fahrplan. Mai–Nov. werden Sonderfahrten veranstaltet.
SGZ
Tel. 042/26 24 24

Der Besondere Tip

Schloßgut Meggenhorn Mit dem Umbau des Landsitzes 1868–70 zum Neorenaissanceschloß erfüllte sich der elsässische Fabrikant Edouard Hofer einen Traum – die Bauten skizzierte er teils selbst. Die Französin Fould-Heine, die Meggenhorn zum Ort höchster gesellschaftlicher Anlässe machte, ließ die benachbarte Kapelle 1886–89 bauen und plazierte am Seeufer als Dank für die Genesung nach schwerer Krankheit die fünfeinhalb Meter hohe **Christusfigur.** Das Schloß ist nur bei Konzerten und am letzten Samstag im August zugänglich, sonst steht der große und schöne Park der Öffentlichkeit zur Verfügung. ■ C3

Bekannte Urlaubsadressen findet man am mittleren Teil des Vierwaldstätter Sees, von Weggis bis zum exklusiven Hotelareal auf dem Bürgenstock.

Weggis, bedeutendster Ferienort am See, gehört ebenso wie Vitznau, von wo aus Europas älteste Bergbahn zur Rigi hinaufführt, und Gersau, ehemals »kleinste Republik der Welt«, zur »Riviera des Vierwaldstätter See«, wo der Aufenthalt auch im Frühling und Herbst angenehm ist: In geschützter Lage und bei mildem Klima gedeihen dort Feigen, Zedern, Zypressen, Kastanien- und Mandelbäume. Über allem thront die Rigi, schon im letzten Jahrhundert ein Muß für Besucher und heute neben Vitznau auch von Goldau (Bahn) und Weggis (Seilbahn) erreichbar.

Am gegenüberliegenden Ufer liegt der weithin bekannte Ferienort Beckenried mit der Klewenalp (seit 1933 Luftseilbahn dorthin). Der Nachbarort Buochs hat eine lange Seepromenade, das Dorf Emmetten besitzt als einzige Seegemeinde keine Schiffsstation, aber Luftseil- und Gondelbahn. Seit über 100 Jahren ist der Bürgenstock ein Begriff für Luxushotellerie, dank Felsenweg und Hammetschwand-Lift ebenfalls ein beliebtes Ausflugsziel.

An der »Riviera des Vierwaldstätter See« läßt es sich aushalten

Beckenried

■ D4

Der bekannte Urlaubsort erstreckt sich weit am Südufer des Vierwaldstätter Sees. **Strandbäder** und eine schöne **Seepromenade** ziehen zahlreiche Besucher an. Bei Beckenried verschwindet die 1980 eröffnete **Autobahn N 2**, die auf dem Lehnenviadukt oberhalb des Ortes vorbeiführt und den sanften Hang durchschneidet, im Seelisberg: Die beiden parallel geführten Tunnelröhren sind zusammen 18,5 Kilometer lang und damit länger als der Gotthard-Autobahntunnel. Die Verbindung nach Gersau stellt die **Autofähre** (»Tellsprung II«, 1964 von der Bodan-Werft Kressbronn/Bodensee erbaut) her. In dem Seeort ist das Brauchtum noch sehr lebendig. Es bestehen etliche Ländlerkapellen, deren jährliches Treffen im »Mond« stattfindet, man feiert am zweiten Sonntag im November die Älplerkilbi und ist zur Faonacht mit der »Beggozunft« präsent.

Am ersten Samstag im Dezember finden Samiglaisimärcht und Samiglaisizug statt, mit Marktbetrieb ab dem Vormittag und einem Umzug. Ausdruck des lebendigen Gemeinwesens ist auch der schöne Bau des Schützenhauses.

Ab Beckenried ist die Luftseilbahn in das bekannte Ski- und Wandergebiet **Klewenalp** in 1 600 Meter Höhe unterwegs. In dem autofreien Ort stehen ein Restaurant und drei Berghäuser mit Touristenlagern zur Verfügung (Murmeltierpark, Streichelzoo). Die Skiregion Klewenalp-Stockhütte bietet 35 Kilometer präparierte Piste und sieben Skilifte. Die Bahn wird seit 1933 betrieben, erst von einer Genossenschaft, die die abgelegenen Berggüter erschließen und auch etwas für den Fremdenverkehr tun wollte, nun von einer AG. Die ersten Tragseile stellte die Gutehoffnungshütte Gelsenkirchen her.

Im Murmeltierpark auf der Klewenalp

Hotels

Hotel Mond
Beim Schiffsanleger, See-Apparte-ments.
Tel. 041/64 12 04, Fax 64 46 18
50 Betten
März geschl.
Untere Preisklasse

Seehotel Sternen
Komfortables Haus an der Autofähre.
Tel. 041/64 61 61, Fax 64 29 25
80 Betten
Mittlere Preisklasse

Service

Auskunft
Verkehrsverein Beckenried-Klewenalp
6375 Beckenried
Tel. 041/64 31 70, Fax 64 32 05

Ausflugsziele

Buochs ■ C 4

Der Ort in der Seebucht am Nordhang vom Buochser Horn und der Mündung der Engelberger Aa wurde von den Franzosen 1798 fast völlig zerstört. Buochs ist der größte Seeanrainer der Seegemeinden und bietet eine lange **Seepromenade**. Juli–Aug. werden **Käsereibesichtigungen** veranstaltet (Auskunft: Verkehrsverein).

Hotels

Mototel Postillon
Nahe der N 2, bekannte Transitstation.
Tel. 041/64 54 54, Fax 64 23 34
120 Betten
Mittlere Preisklasse

Seehotel Sonnheim
Einfaches Hotel, aber schön an der Seepromenade gelegen. Nicht weit zur Schiffsstation.
Tel. 041/64 14 40, Fax 64 58 15
28 Betten
Untere Preisklasse

Service

Auskunft
Verkehrsverein Buochs
6374 Buochs
Tel. 041/64 20 64, Fax 64 58 56

Emmetten ■ D 4

Das kleine Dorf (755 m) besitzt als einzige Gemeinde am Vierwaldstätter See keine Schiffsstation. Der Aussichtspunkt **Niederbauen** (1 570 m) ist mit einer Luftseilbahn erreichbar, das Wandergebiet **Stockhütte-Rinderbühl** (1 286 m, Berggasthaus, Kleintierzoo) mit der Gondelbahn. Im Juli–Aug. ist die Besichtigung einer Alpkäserei möglich.

Ennetbürgen ■ C 3/C 4

In der Bucht vor dem Bürgenstockausläufer gelegen, ist das ehemals kleine Dorf nun durch viele Neubauten geprägt. Ein bekannter Aussichtspunkt ist die 1346 erstmals erwähnte **Kapelle von St. Jost** (690 m) oberhalb des Dorfes. Sie gilt als beliebtes Wallfahrtsziel auf der Suche nach einem Partner und ist als Trauungsort populär geworden.

Service

Auskunft
Verkehrsverein
6373 Ennetbürgen
Tel. 041/64 15 13,
Fax 64 71 21

Bürgenstock

■ C3

Der Bürgenstock zählt zu den exklusiven Hotelresorts der Schweiz und ist seit weit über 100 Jahren ein Begriff für Luxusherbergen. Bürgenberg hieß der Bergrücken am See ehemals; der Hotelpionier Franz Josef Bucher-Durrer änderte nicht nur den Namen, sondern auch die Szenerie, als er 1873 hoch über steil abfallender Felswand und 450 Meter über dem See das **Grand Hotel** eröffnete. 1888 folgte in 900 Meter Höhe das **Park Hotel** und 1904 dann das **Palace Hotel**. Alle drei Häuser bestehen heute als Fünf-Sterne-Hotels von internationalem Rang, das Park Hotel wurde 1991 nach der Modernisierung neu eröffnet. In den Anfangsjahren waren die Nobelherbergen beim reisenden Publikum derart beliebt, daß potentielle Gäste erst einmal für zwei bis drei Wochen unten in Luzern Quartier nehmen mußten, ehe sich ihnen die Pforten zur Bürgenstock-Herrlichkeit öffneten.

Pioniere der Luxushotellerie

Franz Josef Bucher-Durrer (1834–1906), ein Obwaldener Bauernsohn, der in jungen Jahren als Hütejunge und Holzfäller beschäftigt war, avancierte zum Schweizer Hotelkönig, kaufte für das Bürgenstockprojekt 1871 nicht nur die Alp Tritt samt Umland, sondern besaß auch erste Häuser in Luzern (Palace), Lugano, Rom, Kairo und andernorts. In den 20er Jahren allerdings wurde der Bürgenstock zunehmend zum »Geisterdorf«: Die Zimmer hatten weder fließend Wasser noch Bäder. So mußte der neue Besitzer **Friedrich Frey-Fürst** aus Luzern, der den Komplex 1925 übernahm, erst einmal gründlich modernisieren. Frey-Fürst sorgte zudem mit den Schätzen seiner Kunstsammlung (Gemälde von Rubens, Snyder, Tintoretto; antike Möbel; Gobelins; Meißner Porzellan) für die stilvolle Ausstattung.

Die Bürgenstock Hotels sind nun in der dritten Generation im Besitz der Frey-Gruppe, die u. a. im Elektronikbereich tätig ist, und stellen die der Fläche nach größte private Hotelgruppe der Schweiz dar. Seit 1985 besteht auf dem Bürgenstock der exklusive **Club**, zugänglich nur Hotelgästen und privaten Mitgliedern, zu dem auch die großartigen Poolanlagen gehören. Der weitläufige Hotelbereich umfaßt Wälder, Wiesen, Parks und den Neun-Loch-Golfplatz. Keine Frage, daß der Bürgenstock oft Domizil Prominenter war und ist: Sophia Loren lebte dort, Audrey Hepburn (die in der kleinen Kapelle, die 1897 eine belgische Gräfin erbauen ließ, heiratete) und Indiens Premier Nehru.

Teile des Areals, Wanderwege und Restauration sind auch für Tagestouristen zugänglich, die in großer Zahl den exzellenten Aussichtspunkt ansteuern. Von der Schiffsstation Kehrsiten-Bürgenstock verkehrt seit 1888 die Standseilbahn in sieben Minuten zum Hotelkomplex.

Hotel

Bürgenstock Hotels
6363 Bürgenstock
Tel. 041/61 55 45, Fax 61 76 88
Palace Hotel 142, Park Hotel 116, Grand Hotel 110 Betten
Park Hotel Nov.–Jan. geschl., Grand Hotel und Palace Hotel Nov.–März geschl.
Luxusklasse

Sehenswertes

Hammetschwandlift und Felsenweg
In der steilen Nordwand des Bürgenstock verläuft über 2,6 km der **Felsenweg** zum Hammetschwandlift, ein gefahrloser 30minütiger Spaziergang: Der höchstgelegene und schnellste offene Aufzug Europas, 1904 fertiggestellt und 1992 u. a. mit einer Panoramakabine modernisiert, überwindet die 165 m Höhendifferenz in 55 Sek. und befördert die Passagiere auf 1 132 m Höhe zum Aussichtspunkt **Hammetschwand** (Bergrestaurant Mitte April–Mitte Okt.). Bei Nacht beleuchtet, stellt der Lift seit seiner Renovierung eine Landmarke des Vierwaldstätter Sees dar. Der 1903–05 auf Initiative von Hotelpionier Bucher-Durrer angelegte Felsenweg, bei seiner Eröffnung so etwas wie eine touristische Weltsensation, verläuft vom Lift aus weiter zum Aussichtspunkt **Honegg-Känzeli** (von dort Rundweg zurück zu den Hotels, Dauer insgesamt 2 Std.).

Essen und Trinken

Restaurant Taverne
Bei der Kapelle, schweizerische und italienische Küche, Alpenterrasse.
Tel. 041/61 33 71
Do geschl.
Untere bis mittlere Preisklasse

Restaurant Trotte TopTen 3
Das Restaurant im Park Hotel bietet exzellente Küche, vor allem französischen Ursprungs, und eine einmalige Aussicht: Reservierung empfohlen.
Tel. 041/63 25 45
Obere Preisklasse

Ausflugsziel

Kehrsiten ■ C3

Am Hang des Bürgenstocks und am Seeufer erstreckt sich der kleine Ort. Ein schöner Spazierweg führt von der Schiffsstation Kehrsiten-Bürgenstock über 6 km nach Stansstad (Schiffsanleger, Bahnhof) entlang am See und vorbei an vielen, wegen ihrer Fischspezialitäten populären **Ausflugslokalen**. Das Fahrsträßlein, auf dem nur wenige Autos und ein Minipostbus verkehren dürfen, bauten die Kehrsitener 1878–79 in Fronarbeit. Als Wallfahrtsort bekannt ist die kleine **Kapelle Maria in Linden** (1758, von französischem Militär zerstört, Wiederaufbau 1799–1801) mit ihren Votivtafeln bei der Schiffsstation Kehrsiten-Dorf.

Hotel/Essen und Trinken

Seehotel Baumgarten
Bekanntes Haus, Fischspezialitäten.
Tel. 041/61 77 88
Nov.–Dez., Febr.–März Mi, Do sowie Jan. geschl.
Mittlere Preisklasse

Einkaufen

Pegasus
Puzzles und Holzspielzeug.
Kehrsiten-Dorf
Do, Fr, Sa 13–16, Mitte Mai–Mitte Sept. bei gutem Wetter So 13–16 Uhr

Rigi

■ D3

TOPTEN 6

Der »Bergfürst« galt schon im letzten Jahrhundert als ein Muß für Besucher. Heute erreichen ihn Bahnen von Vitznau, Goldau, Weggis – und natürlich vielerlei Wanderwege.

»Die Schweiz bereisen, ohne den Rigi zu besichtigen, heißt gerade soviel, wie in Rom zu weilen, ohne den Papst zu sehen. Kein Fremder verläßt den Boden Helvetiens, ohne diesem Bergfürsten einen Besuch abgestattet zu haben.« So steht's im »Rigi-Führer« von anno 1885 zu lesen, und über ein Jahrhundert später gilt für Reisende am Vierwaldstätter See, daß man **die Rigi** (wie die Einheimischen sagen) schlechthin nicht auslassen darf.

Der Tourismus auf der Rigi hat seine Ursprünge in den **Pilgerreisen**: Im 16. Jahrhundert wird »das kalte Bad« erwähnt, eine eine Einsiedelei mit Kapelle auf der Weggiser Alp, wo 1700 auch ein erstes Wirtshaus erbaut wurde. Man tauchte – bekleidet! – dreimal ins heilkräftige Wasser im Holztrog ein, lief um die Kapelle, betete dabei fünf Vaterunser, fünf Ave Maria und das Glaubensbekenntnis, ehe der Waldbruder seinen Segen erteilte. Die sogenannte **Felsenkapelle** besteht noch heute nahe der Station Rigi-Kaltbad und liegt am Weg zum Aussichtspunkt Känzeli.

Ein weiterer Wallfahrtsort befindet sich in Rigi-Klösterli mit der **Kapelle »Maria zum Schnee«**, die erstmals 1688 erwähnt wird. Der heutige Bau stammt jedoch aus den Jahren 1716–21. Am Hochaltar ist eine Kopie des Gnadenbildes »Maria zum Schnee« aus der Kirche Santa Maria Mag-

Wanderers Lust: der Blick von der Rigi hinunter

giore in Rom (1698) zu sehen. Im Zuge der Begeisterung für die Natur machte sich die internationale Gemeinschaft der Gipfelstürmer auf den Weg nach **Rigi-Kulm** (knapp 1 800 Meter): In Tragsesseln, zu Pferde oder auf Eseln, und zu Fuß. Goethe urteilte 1775 über die Aussicht: »Ein nie gesehener, nie wieder zu schauender Anblick.« Die amüsanteste Rigigeschichte hat Mark Twain hinterlassen (nachzulesen in: »Bummel durch Europa«, Insel Verlag), der 1878 den Sonnenaufgang versäumte; er sah dafür die Sonne untergehen, was ihm auch gefiel: »Ein überaus prächtiges Schauspiel.«

Ein Berg wird erobert

Es war nur logisch, daß bald Pläne auftauchten, die Rigi verkehrsmäßig zu erschließen. Es gab 1859 das Projekt der Ballon-Rigibahn, dessen Pläne nun im Küssnachter Heimatmuseum ausgestellt sind. Erfolgreicher war das Unternehmen des Ingenieurs Niklaus Riggenbach, der die **Zahnradbahn** von Vitznau auf die Rigi plante. 1869–71 waren 600 Arbeiter mit dem Bau beschäftigt.

Am 23. Mai 1871 eröffnete Europas erste Bergbahn, durfte aber nur bis Rigi-Staffelhöhe verkehren, wo die Pferde zur Weiterbeförderung der Gäste nach Rigi-Kulm bereitstanden. Der Kanton Schwyz nämlich hatte dem Unternehmen aus dem Nachbarkanton Luzern die Weiterfahrt verweigert, hatte Schwyz doch bereits 1870 eine konkurrierende Bergbahninitiative konzessioniert, die 1875 von Goldau die heutige Arth-Rigi-Bahn in Betrieb nahm (der Name ist irreführend, beginnt sie doch in Goldau und nicht in Arth). Immerhin war den Betreibern der Bahn von Vitznau 1873 erlaubt worden, ihre Route bis zum Rigigipfel Kulm zu Ende zu bauen. Dafür allerdings kassierte Schwyz 75 Prozent der Bruttoeinnahmen auf dem Reststück der Bahn!

Ende des letzten Jahrhunderts konnten bis zu 2 000 Personen gleichzeitig auf der Rigi Quartier finden. Die Hotellandschaft hat sich seitdem verändert. Auf dem Kulm eröffnete 1954 der Hotelneubau, der nun in Etappen renoviert wird und demnächst ein Rigimuseum beherbergen wird. Das **Hotel Rigi-First** brannte 1948 ab (Neubau), das **Grand Hotel Kaltbad** setzte 1961 ein Brandstifter in Flammen (an seiner Stelle wurde das **Hotel Rigi Hostellerie** 1966 eröffnet). Am gravierendsten waren die Veränderungen in Rigi-Scheidegg, wo im 2. Weltkrieg das exklusivste **Hotel-Kurhaus** mit Aussichtsturm abgerissen wurde. Zu dem Etablissement mit Kurorchester und Park führte von 1875–1931 ab Rigi-First sogar eine eigene Schmalspurbahn, die Scheideggbahn (6,6 Kilometer), deren Spuren man noch heute auf dem Berg findet, so das eiserne Viadukt beim Berggasthaus in Unterstetten.

Karte: → S. 113

Hotels

Heidi's Hotel Bellevue
Familienbetrieb, in den 70er Jahren modernisiert, Dachterrasse.
6356 Rigi-Kaltbad
Tel. 041/83 13 51, Fax 83 13 54
80 Betten
Nov. geschl.
Mittlere Preisklasse

Hotel Des Alpes
Einfache Unterkunft, mit der Bahn von Goldau aus zu erreichen.
6410 Rigi-Klösterli
Tel. 041/83 11 08
16 Betten sowie 14 Betten in Touristenzimmern
Nov. geschl.
Untere Preisklasse

Hotel Rigi-Kulm
Von der Bergbahnendstation führt ein Tunnel zum Hotellift.
6410 Rigi-Kulm
Tel. 041/83 13 12, Fax 83 11 14
100 Betten
Nov. geschl.
Mittlere Preisklasse

Essen und Trinken

Heidi's Rigi Hostellerie
Drei Restaurants in einem Haus nahe der Bahnstation.
Rigi-Kaltbad
Tel. 041/83 16 16
Mittlere Preisklasse

Hotel Alpina,
Hausmannskost, Aussichtsterrasse.
Rigi-Kaltbad
Tel. 041/83 11 52
Untere Preisklasse

Service

Auskunft
Verkehrsbüro Rigi
6356 Rigi-Kaltbad
Tel. 041/83 11 28, Fax 83 19 82

Bergbahnen
Zahnradbahn Vitznau-Rigi: Stationen (*=Halt nur auf Verlangen): Mitterschwanden*, Gruebisbalm*, Freibergen*, Romiti Felsentor/1 195 m, Rigi-Kaltbad-First/1 438 m, Rigi-Staffelhöhe/1 550 m, Rigi-Staffel/1 603 m, Rigi-Kulm/1 752 m. Fahrzeit 35 Min. Bei Bergfahrt links im Wagen sitzen, bei Talfahrt rechts.

Die Zahnradbahn verbindet Vitznau mit der Rigi

Zahnradbahn Arth-Goldau-Rigi:
Stationen: Talstation Goldau, Goldau Autobahn N 4*, Kräbel*, Fruttli*, Rigi-Klösterli/1 302 m, Rigi-First*, Rigi-Staffel, Rigi-Kulm.
Fahrzeit 35 Min.
Bei Bergfahrt rechts im Wagen sitzen, bei Talfahrt links.

Luftseilbahn nach Rigi-Scheidegg:
Fahrt mit der Bergbahn Arth-Goldau-Rigi bis zur Station Kräbel, von dort weiter zur Scheidegg (1 665 m, Berggasthaus).

Luftseilbahn Weggis-Rigi-Kaltbad:
1968 eröffnet, Fahrt von 499 auf 1 423 m in den 1994 in Betrieb genommenen neuen Panoramakabinen, Fahrzeit 10 Min.
Rigibahnen
Tel. 041/83 18 18

Veranstaltungen und Sonderfahrten
Auf dem Berg finden inzwischen zahlreiche Veranstaltungen statt: Folklore, kirchliche Feiern, ein Country Music Festival und sogar ein Zirkus gastiert dort! An Sonderfahrten werden u. a. angeboten: **Nachmittag- und Abendfahrten** zum Sonnenuntergang und Abendessen, Juli und Aug., ab Goldau 5 Uhr **Sonnenaufgangsfahrt**, Juli–Sept., jeweils 1. und 3. So im Monat 10.47 Uhr ab Vitznau **Nostalgie-Dampfzug-Fahrten**, Mai–Okt., **Seilbahn-Nachtfahrten** ab/nach Weggis (Sa 23.45/ 0 Uhr). Auskunft: Direktion Rigibahnen, Tel. 041/83 18 18.

Wandern und Wintersport
Über 100 km Wanderwege locken im Frühjahr und Sommer viele Besucher an (→ Routen und Touren) – ganz nach der Devise »uff i d'Hand de Bärgstock gnoo, mir wend mitenand uf d'Rigi goo!« aus dem populären Volkslied »Vo Luzern auf Wäggis zue« von Johann Lüthi.

30 km Wanderwege sind auch im Winter gebahnt; es bestehen zahlreiche Wintersportmöglichkeiten (vier Skilifte, 30 km präparierte Pisten, 14 km Loipe, drei Rodelbahnen).

Die besten Rigikühe werden mit solchen Glocken prämiert

Weggis

■ D3

Die Zeiten, in denen sich die Bewohner von Weggis darum prügelten, wer denn nun den Gästen zu Dienst stehen dürfte, sind vorbei. Weggis war nämlich 1820–70 Station für den **Rigidienst** und damit ein Zentrum des frühen Fremdenverkehrs: Man holte die Besucher vom Schiff ab und beförderte sie zu Pferde, auf Mauleseln oder in Sesseln, die drei bis sechs Mann trugen, auf den Gipfel. Der Wettbewerb am Hafen war hart, sogenannte Lotsen stritten so heftig um die Reisenden, daß 1839 »jenen Trägern, welche sich ungebührlich gegen Fremde oder unverträglich unter sich benehmen oder sich betrinken, daß sie den Dienst nicht mehr versehen können«, strengste Konsequenzen angedroht wurden.

Mit Eröffnung der Bergbahn vom Nachbarort Vitznau auf die Rigi 1871 war Weggis erst einmal aus dem Touristengeschäft. Heute ist die Gemeinde nach Luzern der führende Ferienort am See, unterhält das einzige Kurorchester der Seeorte und ein **Strandbad** (1919 das erste der Schweiz) samt Hallenbad am Lido.

Die schöne Weggiser **Seepromenade** führt Richtung Westen zur Landzunge **Hertenstein** mit Schiffsstation und Hotelneubau: Eine Gedenktafel erinnert an das Exil von Kaiser Karl von Österreich nach dem Zusammenbruch der k.u.k.-Monarchie, nun stolzieren dort freilaufende Pfauen.

Aber auch Weggis darf nun wieder am Rigifahrgeschäft teilhaben: 1968 wurde die **Luftseilbahn** nach Kaltbad-First eröffnet. Sie benötigt sieben Minuten Fahrzeit und wird besonders von Skifahrern im Winter stark frequentiert. Zwar war der Berg mittels der Bahnen von Vitznau und Goldau bereits gut erschlossen, doch ließ Weggis nicht locker, wollte es doch die »Wiedervereinigung« mit den wenigen Bürgern in Kaltbad-First, das zur Gemeinde gehört.

Ein Hauch von Süden weht über den See: Uferpromenade in Weggis

Hotels/Essen und Trinken

Alle Häuser liegen zentral bei der Schiffsstation.

Garni Hotel Viktoria
Gartenrestaurant, Saison- und Fischspezialitäten.
Tel. 041/93 11 28, Fax 93 01 09
18 Betten, alle ohne Bad/Du
Untere Preisklasse

Hotel Gotthard am See
Gartenrestaurant, Pizza, Fischküche.
Tel. 041/93 21 14, Fax 93 29 95
40 Betten
Mitte Okt.–Mitte Dez. geschl.
Mittlere Preisklasse

Post Hotel
Neubau, Hallenbad, große Auswahl an Speisen.
Tel. 041/93 23 23, Fax 93 12 77
100 Betten
Dez.–Feb. geschl.
Obere Preisklasse

Seehof Hotel Du Lac
Am See, Seeterrasse.
Tel. 041/93 11 51, Fax 93 11 19
50 Betten
Dez.–Feb. geschl.
Mittlere Preisklasse

Service

Auskunft
Kur- und Verkehrsverein
6353 Weggis
Tel. 041/93 11 55, Fax 93 18 22

Kutschfahrten
In der Saison jeden Di und Do um 14 Uhr ab Verkehrsbüro (Reservierung bis 12 Uhr, Tel. 041/93 11 55)
Preis 22 sFr

Ausflugsziele

Gersau ■ D3

»Gersau bleibt Gersau – ein freies Volk, ein freies Land«, steht am Brunnen vor dem Alten Rathaus zu lesen: Stolz betonen die Einheimischen Originalität und intakte dörfliche Struktur – »wer bei uns durch das Dorf geht, wird noch gegrüßt!« Tatsächlich fällt die Geschichte des Ortes am See aus dem Rahmen: Als habsburgisches Pfand konnte er hin- und hergetauscht werden, bis die Bürger sich 1390 für 690 Pfennige freikauften, somit Vogtei- und Steuerrechte ebenso wie eine eigene Gerichtsbarkeit besaßen – »die kleinste Republik der Welt«, die auch einen Hinrichtungsplatz unterhielt. 1433 bestätigte Kaiser Sigismund die Privilegien und Freiheiten, erst 1817 wurde Gersau dann endgültig dem Kanton Schwyz zugeschlagen. Aus der Eigenständigkeit resultierten allerlei »Gersauerstückli« – die Dorfbewohner gelten als eine Art Schweizer Schildbürger.

Urlaubern bietet Gersau eine heimelige Atmosphäre und expandiert nun noch in den See hinaus: Beim Kurpark und der Villa Flora entsteht durch Aufschüttung die 2 500 qm große Promenade mit neuem Quai, Festplatz und Seebühne. Von Gersau verkehrt seit 1930 eine Autofähre nach Beckenried.

Das 1745 erbaute **Rathaus** war ehemals Sitz der Institutionen der Republik. Durch die Stiftung »Pro Rathaus 1745« wurde es 1982–83 restauriert. Die Dekorationsmalereien von 1907 zeigen u. a. Justitia im Giebel und Wappen der Gersauer Bürgergeschlechter.

Am Seeufer (Seestr. 41) ist die **Gerbe**, ein schönes Holzhaus von 1577, zu bewundern. Die katholische Pfarrkirche **St. Marcellus** wur-

de 1807–12 im klassizistischen Stil erbaut. Kurios: die Uhr im Kirchenschiff. Einen Besuch lohnt auch das **Historische Museum der altfryen Republik Gersau** und **Stradivari-Museum** im Alten Rathaus.
April–Okt. Di und Sa 15–17, So 10.30–11.30 Uhr, sonst nach tel. Vereinbarung, Tel. 041/84 11 05
Eintritt 2 sFr

Hotels

Hotel Müller
Neubau des Traditionshauses gegenüber Schiffsstation und Seepromenade.
Tel. 041/84 19 19, Fax 84 19 62
60 Betten
Dez.–Feb. geschl.
Mittlere Preisklasse

Hotel Rotschuo
Außerhalb des Ortes Richtung Vitznau, im Park am See, Seebad, Hallenbad.
Tel. 041/84 22 66, Fax 84 22 70
112 Betten
Mittlere Preisklasse

Essen und Trinken

Eine Spezialität des Ortes ist der Gersauer Käsekuchen.

Gasthaus-Familienhotel Tübli
Gartenrestaurant, Käsespezialitäten.
Beim Alten Rathaus
Tel. 041/84 12 34
Untere Preisklasse

Gasthaus zur Krone
Fischküche.
Seestr.
Tel. 041/84 15 35
Mittlere Preisklasse

Gehören zum Schweiz-Klischee: Alphornbläser

Seerestaurant Ländi
Große Terrasse.
Tel. 041/84 12 14
Mittlere Preisklasse

Einkaufen

Holzofenbäckerei
Ein Tip der Einheimischen, Verkauf nur am Samstag von 7 bis 13 Uhr.
Tschalungasse im Oberdorf

Service

Auskunft
Verkehrsbüro
6442 Gersau
Tel. 041/84 12 20, Fax 84 22 30

Dorfführungen
Zweimal monatlich, Auskunft beim Verkehrsbüro

Vitznau ■ D3

In das verträumte Fischer- und Bauerndorf zog der Fortschritt mit Eröffnung der **Zahnradbahn** zur Rigi am 23. Mai 1871 ein: Ingenieur Niklaus Riggenbach (1817–99), an den heute eine Gedenktafel am Bahnsteig der Vitznauer Talstation erinnert, plante die erste Bergbahn Europas und die zweite der Welt (1869 hatte die Mount-Washington-Bahn in New Hampshire, USA, Premiere). Riggenbach, ein gebürtiger Elsässer, war damals Chef der Maschinenwerkstätte der Schweizerischen Centralbahn in Olten, von wo auch die erste Dampflok kam, die bergan fuhr. Auf dem Wagendach thronte seinerzeit noch ein Bremser und vorneweg lieg ein Bahnwärter, um Vieh von den Schienen zu vertrieben oder Geröll wegzuräumen. Die »kletternde Lokomotive« lockte das Publikum in Scharen an: 1872 fast 87 000 Passagiere, 1900 annähernd 130 000. 1937 ist die Bahn zur Rigi elektrifiziert worden. Die Bahngesellschaft hat derzeit 45 Beschäftigte.

Vitznau liegt in der Bucht vor der engsten Stelle des Sees, die Unter Nas als Ausläufer des Bürgenstock und Ober Nas bilden.

Als Flaggschiff der örtlichen Hotellerie gilt das 1901–03 erbaute **Park Hotel** am Ortsausgang Richtung Weggis direkt am See. Vitznaus »Schloß«, nunmehr ein Fünf-Sterne-Haus, ist weder von der Straße noch vom Wasser aus zu übersehen.

Als »ältestes Tanzlokal der Schweiz« bezeichnen die Höhlenfest-Veranstalter die Grubisbalm-Höhle oberhalb von Vitznau, in der dreimal im Sommer gefeiert wird, mit Bluegrass music, Ländlerweisen und Stimmungsorchester. Man fährt mit der Rigi-Bahn bis Grubisbalm und erreicht von dort die Höhle in wenigen Minuten. Auskunft über Termine erteilt das Verkehrsbüro.

Von Vitznau führt die 1918–20 erbaute Luftseilbahn, die heute als technisches Denkmal gilt, nach Wissifluh (950 m, Berghotel) und eine weitere Bahn nach Hinterbergen (1 100 m, Bergrestaurant, Mi geschl.).

Hotels

Ferienhotel Floralpina
Panoramaterrasse, Strandbad, 2 km außerhalb des Ortes
Tel. 0 41/83 13 86, Fax 83 10 54
120 Betten
Mittlere Preisklasse
Nov.–März geschl.

Hotel Gruebisbalm/Rigi
Vollwerthotel in 900 m Höhe, auch vegetarische Kost; nur mit Bahn oder zu Fuß erreichbar, 1992 wiedereröffnetes ehemaliges Erholungsheim der schweizerischen Bahnbeamten.
Tel. 0 41/83 16 81, Fax 83 21 70
9 Betten, alle Zimmer ohne Bad/Du
Untere Preisklasse

Park Hotel
Am Seeufer, Hallen- und Freibad
Tel. 0 41/83 01 00, Fax 83 13 97
160 Betten
Luxusklasse
Nov.–März geschl.

Essen und Trinken

Hotel Terrasse
Panoramarestaurant am Seeufer
Tel. 0 41/83 10 33
Mittlere Preisklasse

Service

Auskunft
Verkehrsbüro
6354 Vitznau
Tel. 0 41/83 13 55, Fax 83 17 83

Der Hauptort des gleichnamigen Kantons hat der Schweiz Namen und Wappen gegeben; die beschauliche Kleinstadt liegt am Südfuß der beiden Mythen.

Schwyz

■ E3

Im Jahr 972 erstmals als »Suites« erwähnt, gehört **Schwyz** zu den drei Urkantonen, die 1291 den Bundesbrief unterzeichneten, dessen einziges erhaltenes Exemplar das Bundesbriefarchiv der Stadt zeigt. Die historische Bedeutung von Schwyz zeigt sich auch darin, daß es sich maßgeblich an Freiheits- und Eroberungskämpfen beteiligte. Der Dorfbrand 1642 zerstörte den Ort weitgehend: Rathaus und Hauptplatz erstanden neu; der Schwyzer Mittelpunkt zählt nun zu den schönsten Plätzen der Schweiz (beeinträchtigt allerdings durch Autoverkehr und Parkplätze). Den Ortskern umgibt der Kranz der Herrenhäuser, die Symbole des Wohlstandes jener Unternehmer, die fremden Heeren in Frankreich, Spanien und Italien Söldner aus Schwyz zuführten. Der karge Boden und die Überbevölkerung hatten seit Mitte des 16. Jahrhunderts viele Einheimische in fremde Dienste getrieben. Herausragendster Bau dieser Zeit ist die Ital-Reding-Hofstatt von 1609.

Das kleine Pförtnerhaus zur Ital-Reding-Hofstatt

Hotels

Hirschen garni
Zentral gelegenes Familienhotel.
Tel. 043/21 12 76
26 Betten
Untere Preisklasse

Hotel Wysses Rössli
Erstes Haus am Platze.
Am Hauptplatz
Tel. 043/21 19 22, Fax 21 10 46
46 Betten
Obere Preisklasse

Sehenswertes

Ital-Reding-Hofstatt
Den bedeutendsten der Schwyzer Herrensitze ließ 1609 der durch das Söldnerwesen zu Reichtum gelangte Ital Reding erbauen. Die prachtvollen Innenräume dokumentieren die gehobene Wohnkultur des 17. Jh., z. B. der Große Saal mit dem Kachelofen von 1679. Zum Komplex der Hofstatt, seit 1982 im Besitz einer Stiftung, gehört das **Haus Bethlehem** von 1599, das bis ins Jahr

1297 zurückgeht und im Volksmund »Bettelheim« genannt wird; dort sollen die armen Bediensteten der Aristokraten gelebt haben.
Mai–Okt. Di–Fr 14–17,
Sa–So 10–12 Uhr
Eintritt 4 sFr

Rathaus
Drei Jahre nach dem großen Brand wurde der Rathausneubau 1645 fertiggestellt. Seine Fassaden bemalte aus Anlaß der 600-Jahr-Feier der Eidgenossenschaft 1891 Ferdinand Wagner aus München. Als schönster Saal in dem Gebäude gilt der jetzige Gerichtssaal (Barockmobiliar, Kassettendecke von 1655).
Besichtigung Mo–Fr 10 und 15 Uhr; Anmeldung in der Bezirkskanzlei, 2. Stock.

St. Martin
Das katholische Gotteshaus am Hauptplatz ist das Hauptwerk der Luzerner Brüder Singer und entstand als Spätbarockbau 1770–74. Von 1518 stammt das Kerchel (ein Beinhaus) samt Michaelskapelle im Obergeschoß im Kirchhof.

Museen

Bundesbriefarchiv
Ursprünglich gab es Überlegungen, den Urkanton Schwyz mit einem kolossalen Nationaldenkmal zur Erinnerung an die Gründung der Eidgenossenschaft 1291 auszustatten, statt dessen setzte sich die Idee der »geistigen Landesverteidigung« als Besinnung auf die eigene Geschichte durch: 1936 eröffnete in unruhigen europäischen Zeiten das Bundesbriefarchiv, das als einziges Staatsarchiv des Landes alle Bundesbriefe von 1291 bis 1513 im Original besitzt. Mit dem ersten Bundesbrief vom 1. Aug. 1291 schlossen sich die Talschaften Uri, Schwyz und Nidwalden in Erneuerung eines älteren Bundes zu einem Landfriedensbündnis zusammen. Die Ausstellung präsentiert darüber hinaus historische Fahnen und ein Zinnfigurenpanorama der Schlacht von Morgarten 1315, in der die Eidgenossen das österreichische Heer besiegten. Am und im Archiv sind drei wesentliche Werke der Schweizer Wandmalerei dieses Jahrhunderts zu sehen:

DER BESONDERE TIP

Schaukäserei Schwyzerland Ein »unvergeßliches Käseerlebnis« verspricht der Betrieb in Unter-Seewen (nahe Bahnhof Schwyz, zwischen Bahnlinie und N 4), in dem u. a. auch mit einer Multivisionsschau die Käseherstellung demonstriert wird, von der Arbeit auf der Alphütte bis zur Verwendung moderner Technologien. Der Rundgang macht Appetit, und der kann im hauseigenen Restaurant (durchgehend warme Küche, Untere Preisklasse) mit Schweizer Spezialitäten gestillt werden. Ein Shop bietet Souvenirs und – klar doch! – Käse an. Di–Sa 9–18 Uhr. Abends für Gruppen ab 25 Personen bei Voranmeldung (Tel. 043/21 61 61). ■ E 3

über dem Eingang »Fundamentum« (der Bund zu Brunnen) von Heinrich Danioth von 1936, damals als Kulturbolschewismus geschmäht, am Aufgang »Bruder Klaus« (der Landespatron), 1941, von Maurice Barraud und im Bundesbriefsaal »Der Bundesschwur auf dem Rütli« (1947, Walter Clénin). Im Archivgarten wurde aufgrund der Spende eines Auslandschweizers und Industriellen 1941 das Denkmal »Wehrbereitschaft« von Hans Brandenberger aufgestellt. Es symbolisierte den Verteidigungswillen der Schweiz, um die herum damals der 2. Weltkrieg tobte.
Tgl. 9.30–11.30 und 14–17 Uhr, Karfreitag, 25./26.12. geschl.

Forum der Schweizer Geschichte
Im früheren Kornhaus (1711–17) und jetzigen Zeughaus wird 1995 eine Außenstelle des Schweizerischen Landesmuseums Zürich eröffnet, in der erstmals die Alltags-Geschichte vom Mittelalter bis ins 18. Jh. in einer Übersicht gezeigt wird.

Turmmuseum (Schatzturm zu Schwyz)
Der Archivturm wurde um 1200 erbaut und stellt das älteste Gebäude in Schwyz dar (seit 1953 Heimatmuseum). Ab 1996 werden dort unter dem neuen Namen Schatzturm zu Schwyz der Münzschatz des Kantons, der Sakralschatz u. a. m. präsentiert.
Anfang Mai–Anfang Nov. Mi, Fr–So 10–12 und 14–17 Uhr
Eintritt 3 sFr

Essen und Trinken

Restaurant Blaser
Schweizer Spezialitäten, Holzkohlengrill.
Tel. 043/21 11 78
Mittlere Preisklasse

Service

Auskunft
Verkehrsbüro Schwyz
Postplatz 5
6430 Schwyz
Tel. 043/22 19 91, Fax 21 28 21

Rundgang
Ein vom Verkehrsverein publizierter Plan »Tour de Schwyz« (Tafel vor dem Hotel Wysses Rössli) weist 43 Stationen und Sehenswürdigkeiten auf. Der Plan ist gratis beim Verkehrsamt und an den Kiosken erhältlich.
Juli und Aug. jeweils Di 14 Uhr Dorfrundgang (Anmeldung bis zum Vorabend im Verkehrsbüro).

Ausflugsziele

Ägerital/Ägerisee ■ E 2

Die Straße Schwyz-Zug führt durchs Ägerital am Ägerisee vorbei, auf dem Ende April–Anfang Okt. vor allem an Sonn- und Feiertagen Motorbootrundkurse gefahren werden.
Die **Schlachtkapelle Morgarten** (1603, Wandbilder 1954) erinnert an die erste siegreiche Freiheitsschlacht der Eidgenossen 1315.

Essen und Trinken

Hotel-Restaurant Eierhals
Seit 1774 Familienbesitz, Fischspezialitäten, vor Oberägeri am See.
Tel. 042/72 13 65
Nov.–Ostern Mo, Di geschl.
Mittlere Preisklasse

Service

Auskunft
Verkehrsbüro Unterägeri
6314 Unterägeri
Tel. 042/72 19 19, Fax 72 52 40

Arth und Goldau

■ D 2/D 3

Arth am Zuger See (Schiffstation) hat einige Bedeutung als Ausflugsort erlangt. Die 1695–96 erbaute Pfarrkirche St. Georg und Zeno gilt als eine der imposantesten Barockkirchen der Zentralschweiz. Vom Vorgängerbau blieb der mittelalterliche Turm erhalten. Fünf Minuten vom Ort, am Weg zur Rigi, entstand 1652–54 die St. Georgskapelle; ein Gemälde zeigt den Dorfbrand 1719 (Besichtigung, Tel. 041/82 41 80, 82 12 34).

Die Bauten **Goldaus** sind meist neueren Datums, denn das Dorf wurde am 2. Sept. 1806 von einem Bergsturz betroffen, der mehrere Minuten dauerte und über 6 qkm überschüttete. 457 Menschen kamen ums Leben, 111 Wohnhäuser wurden zerstört. An die Katastrophe erinnern das Bergsturzmuseum und das Bergsturzdenkmal (1956) bei der neuromanischen Kirche (1909), in der noch eine Darstellung des alten Dorfes zu sehen ist. Im Goldauer Zoo mit großer Freilaufzone sind über 100 Arten meist einheimischer Tiere zu sehen.

Natur- und Tierpark Goldau
Tel. 041/82 15 10
April–Sept. 8–19, Okt. und März 8–18, Nov.–Feb. 9–17 Uhr
Eintritt 8 sFr
Juni–Aug. So 10–12 Uhr Frühschoppen-Konzerte

Bergsturz-Museum Goldau
(beim Tierpark)
Tel. 041/82 31 03
Mai–Okt. Di–So 13.30–17 Uhr, sonst nach tel. Vereinbarung
Eintritt 2 sFr

Essen und Trinken

Gasthof Bauernhof, Goldau
Bauernhaus in traditioneller Bauweise; als Modell auch in der Anlage »Swissminiatur« am Luganer See zu sehen.
Tel. 041/82 12 13
Untere Preisklasse
Mo, Di geschl.

Ausflug in die alpenländische Fauna: der Goldauer Natur- und Tierpark

Gartenlaube, Arth am See
Großer Garten am Schiffsanleger.
Tel. 041/82 11 74
Untere Preisklasse

Krone, Arth am See
Seit 1765 Familienbesitz.
Tel. 041/82 17 97
Untere Preisklasse
2. Sa im Monat, So/Feiertage geschl.

Service

Auskunft
Verkehrsbüro
6415 Arth am See
Tel./Fax 041/82 54 30
Verkehrsverein
6410 Goldau
Tel. 041/82 11 29

Bergbahnen
Die Arth-Rigi-Bahn beginnt nicht in Arth, sondern am Bahnknotenpunkt Goldau: Die Talstation befindet sich nahe dem Bahnhof, eine weitere Station direkt am Autobahn-Parkplatz der N 4.
Tel. 041/82 11 48

Lauerz und Lauerzer See ■ E 3

Der ruhige Ferienort am Fuße der Rigi und am Südufer des Lauerzer Sees hat seinen dörflichen Charakter bewahrt. Auf der Insel Schwanau stehen die Ruinen der Burg, die vermutlich im 12. Jh. erbaut und im 13. Jh. zerstört wurde. Der Sage nach hatte der Burgvogt ein Mädchen aus dem Dorf geraubt, woraufhin ihn deren Familienangehörige und Freunde heimsuchten, ums Leben brachten und die Burg niederbrannten. Zu dem Inselchen mit Restaurant setzt von Mi–So ein Fährmann über. Anfahrt aus Richtung Schwyz, Fährstelle kurz vor Lauerz.

Hotels

Gasthof Bauernhof
Ländliche Unterkunft beim Dorfzentrum.
Tel. 043/21 58 18
18 Betten
Untere Preisklasse

Essen und Trinken

Inselrestaurant Schwanau
Fischspezialitäten.
Tel. 043/21 17 57
Obere Preisklasse
Mo, Di geschl.

Service

Auskunft
Verkehrsverein
6424 Lauerz-Waldegg
Tel./Fax 043/21 47 66

Muotathal ■ E 3/F 4

Mit dem Postauto gelangt man ab Schwyz ins abgelegene Muotatal mit seinem Hauptort Muotathal (barocke Pfarrkirche St. Sigismund und Waldburga, Fransziskanerinnenkloster). Beim Ortsteil Muotathal-Hinterthal kann Europas längste Höhle, die **Höllochgrotten**, besichtigt werden; bislang wurden 150 km vermessen. Einstündige Führungen (Teilnehmerminimum vier bis sechs Personen) gehen vom Restaurant Hölloch (Tel. 043/47 12 98) aus und kosten 4,40 sFr, die ausführlicheren Nachtführungen 50 sFr. (inkl. Abendessen und anschließendem Frühstück).

Service

Auskunft
Verkehrsverein
6436 Muotathal
Tel. 043/47 15 15, Fax 47 24 94

Urner See und Urner Land

Der fjordartige Urner See mit seinen steil abfallenden Felswänden gilt als schönster Teil des Vierwaldstätter Sees, der Kanton Uri als »Wilhelm-Tell-Land«.

Hinter Brunnen beginnt der Urner See, der vielen kleineren Booten schon zur Gefahr wurde, löst Föhn hier doch des öfteren Stürme aus. Landschaftlich übt dieser Teil des Sees zwischen den steil abfallenden Felswänden eine große Faszination aus.

Der Kanton Uri, 1291 Mitbegründer der Eidgenossenschaft, gilt als »Wilhelm-Tell-Land«. So soll der Volksheld aus Bürglen stammen, gelten Altdorf und das Seeufer nahe Sisikon als Schauplätze der Sage, ebenso das Rütli, von dem Schiller den Schwur überlieferte: »Wir wollen sein ein einig Volk von Brüdern, in keiner Not uns trennen und Gefahr«.

Uri, das einen schwarzen Stier im Wappen führt und wo noch etwa 400 Alpbetriebe existieren (Urner Boden im Schächental: größte und auch schönste Kuhalp der Schweiz), ist als Transitweg zum Gotthard dramatischen Veränderungen unterworfen.

Urner See und Urner Land nur auf der Durchfahrt zu streifen, wäre angesichts der geschichtsträchtigen Sehenswürdigkeiten ein Versäumnis.

Fjordlandschaft: Blick von der Tellsplatte auf den Urner See

Altdorf

■ E 5

Altdorf ist der Hauptort des gebirgigen Kantons **Uri**. Das betriebsame Landstädtchen (488 Meter) liegt in einer breiten Ebene an der Südspitze des Vierwaldstätter Sees, etwa drei Kilometer von der Reussmündung entfernt.

In Altdorf ist – wie in anderen Ortschaften im Tal von Uri – die Tellsage überall gegenwärtig. Es soll Schauplatz der Szene gewesen sein, in der Tell dem Hut des Landvogts Gessler den Gruß verweigerte und daraufhin den berühmten Apfelschuß tat. »Erzählen wird man von dem Schützen Tell, solang die Berge stehn auf ihrem Grunde«, heißt es bei Schiller.

Mit **Telldenkmal** und den alle drei Jahre im Sommer stattfindenden **Tellspielen** wird die Erinnerung an den liebsten Helden der Schweizer lebendig gehalten. Im benachbarten **Bürglen** soll Wilhelm Tell geboren sein. Nicht weit von dort verläuft der Weg nach Süden durch Uri, das als einer der ärmsten Kantone der Schweiz gilt: Die **Gotthardroute** führt durch eine landschaftlich wie historisch faszinierende Gegend.

Altdorf will in Zukunft Fußgängerinteressen stärker berücksichtigen und einen Teil des Zentrums für den Autoverkehr sperren. Ein schöner Spazierweg führt hinauf zum **Kapuzinerkloster**, das 1581 als erstes Kapuzinerkloster nördlich der Alpen begründet wurde. Von hier genießt man eine schöne Aussicht. Über den Kreuzweg gelangt man hinab zur Pfarrkirche **St. Martin** und zum **Fremdenspital** (1437 gestiftet, Neubau nach einem Brand) und zurück zum Ausgangspunkt.

»Übervater« des Schweizer Nationalgedankens: Tell-Denkmal in Altdorf

Hotels

Hotel Goldener Schlüssel
Im Zentrum des Landstädtchens, Anfang 19. Jh. erbaut.
Tel. 044/2 10 02, Fax 2 11 67
50 Betten
Mittlere Preisklasse

Hotel zum Schwarzen Löwen
1509 erwähnt; wo Goethe, Ludwig II. von Bayern, Lord Byron nächtigten.
Tel. 044/2 10 07, Fax 2 95 07
30 Betten
Untere Preisklasse

Sehenswertes

Rathaus
Nach einem großen Brand im Juli 1799 wurde es 1805–08 im klassizistischen Stil erbaut (Architekt Niklaus Purtschert). Während der Bürozeiten können die Werke von Urner Malern und Bildhauern sowie das Schlachtenbanner von Morgarten (1315) besichtigt werden.

St. Martin
Eine der imposantesten Kirchen im Urner Land stellt die Pfarrkirche (1800–1810, klassizistischer Stil) dar, der die spätgotische Friedhofskapelle St. Anna (1596 erneuert) und die Ölbergkapelle (1657) benachbart sind. Viele schöne Grabdenkmäler im Kirchhof zeigen die Bedeutung des Kanton-Hauptortes.

Telldenkmal
Vor dem mittelalterlichen Wohnturm Türmli und dem Landschaftsbild des Schächentals wurde 1895 an dem Ort, an dem Wilhelm Tell den Apfelschuß getan haben soll, das Telldenkmal von Richard Kissling (1848–1919) postiert, der für diese Arbeit den Dr.h.c. der Universität Zürich bekam. Schon früher huldigten die Altdorfer dem »Tellen«: 1786 stellte man die Tellengruppe von Benedikt Curiger auf und ersetzte diese 1860 durch eine gipserne Tellfigur, ein Geschenk vom Eidgenössischen Freischießen zu Zürich. Der Curiger-Tell wurde eingelagert und schmückt nun seit 1891 den Tellenbrunnen von Bürglen.

Tellspielhaus
Seit 1899 zeigen Laienspieler Schillers »Wilhelm Tell«, eigens dafür wurde 1925 das Tellspielhaus errichtet, in dem alle drei Jahre Ende Juli–Ende Aug., das nächste Mal wieder 1997, die Aufführungen stattfinden. Die Fresken (1927) von Heinrich Danioth im Treppenhaus zeigen Rütlischwur und Tellsprung.
Tellspielbüro:
Tel. 044/2 22 80,
Fax 3 22 80
Mi 14–18 Uhr

Museum

Historisches Museum Uri
Eigens für die sehenswerte Ausstellung des Kantons entstand 1906 der neugotische Bau an der Gotthardstraße, der u. a. Kopien des keltischen Goldschatzes von Erstfeld zeigt (Originale im Schweizerischen Landesmuseum Zürich), eine Postkutsche von der Klausenstrecke, Ludwig II. von Bayern-Memorabilia, ein US-Cabriolet von 1928 und – eine Rarität – die beweglichen Musikautomaten der Brüder Arnold, ausgestattet mit Brotteigfigürchen.
Pfingsten–1. Okt. Di–So 9–11 und 13–17 Uhr
Eintritt 4 sFr

Essen und Trinken

Café-Conditorei Central – Tea Room
Am Rathausplatz, Garten.
Tel. 044/3 05 05
Untere Preisklasse

Restaurant Schützenmatt
Schöner Garten.
Hellgasse 1
Tel. 044/2 11 60
Untere Preisklasse

Service

Auskunft
Verkehrsbüro
6460 Altdorf
Tel. 044/2 28 88, Fax 2 02 88

Rundgang
Ab Telldenkmal historischer Rundgang. Für den individuellen Spaziergang hält das Verkehrsamt das Faltblatt »Altdorf zu Fuß« bereit.
Juni–Mitte Okt. jeweils 9.30 Uhr

Ausflugsziele

Attinghausen ■ E 5

Der kleine Ort am Rande der Reussebene (469 m) wird vor allem wegen der **Burgruine Attinghausen** und dem Wander- und Skigebiet **Brüsti** (1 530 m, Berggasthaus, Ferienwohnungen), wohin die Seilbahn verkehrt, gern besucht. Die Burg wurde in der ersten Hälfte des 13. Jh. fertiggestellt und 1358 zerstört. Sie war Sitz der Freiherrn von Attinghausen, zu denen auch Wernher II. (1264–1321), Siegelbewahrer und Landamman von Uri, gehörte, der als einer der Stifter des Schweizer Bundes gilt.

Service

Auskunft
Verkehrsverein Attinghausen-Brüsti
6468 Attinghausen
Tel. 044/2 75 70

Bauen ■ E 4

Gleich einem Spielzeugdorf liegt Uris kleinste Gemeinde in einer Seebucht und bietet als Ausflugsort ein Vier-Betten-Hotel und drei Gaststätten an. Bis 1953 war Bauen nicht mit dem Auto erreichbar; nun führt eine Straße von Isleten hierher, ein beliebter Spazierweg durch Tunnelgalerien. Bauens einziges Denkmal ist **Pater Alberik Zwyssig** (1808–54) gewidmet, der den Schweizer Psalm komponierte, die Nationalhymne des Landes (»Trittst im Morgenrot daher«). Wer am Wochenende in Bauen speisen möchte, sollte reservieren:
Hotel Schiller, Tel. 044/6 91 55,
Zwyssighaus, Tel. 6 91 77,
Schützen, Tel. 6 91 30.

Bürglen ■ E 5

Auf dem Weg zum Klausenpaß im Schächental gilt Bürglen (552 m), nur wenige Kilometer von Altdorf entfernt, als das »Tellendorf« und Heimat des Wilhelm Tell. Das schmucke Dorf erweist dem Heroen nicht nur mit dem **Telldenkmal** (1786, zuvor in Altdorf) die Ehre: Die **Tellskapelle** steht angeblich an der Stelle von Wilhelm Tells Haus und wurde 1582 gestiftet und 1758 erneuert. Im sog. Wattigwilerturm, der im ältesten Teil aus dem 13. Jh. stammt, ist das **Tellmuseum** untergebracht. Vom Nachbarort **Brügg** an der 1899 eröffneten Klausenstraße, in den 30er Jahren bekannt durch die Klausen-Bergrennen, fahren Seilbahnen in die Wander- und Wintersportregionen von **Biel am Kinzigpass** (1 630 m) und **Ruegig** (1 710 m).

Tellmuseum
Mai–Juni, Sept.–Okt. 10–11.30 und 13.30–17 Uhr, Juli–Aug. 10–17 Uhr
Eintritt 3 sFr

Hotel

Hotel Tell
Spezialitätenküche und Gartenrestaurant.
Tel. 044/2 22 04
30 Betten
Untere Preisklasse

Essen und Trinken

Gasthaus Adler
Urner Landgasthof.
Tel. 044/2 11 33
Mo sowie Di bis 17 Uhr geschl.
Untere Preisklasse

Service

Auskunft
Informationsstelle
Raiffeisenbank
6463 Bürglen
Tel. 044/2 78 88, Fax 2 07 88

Flüelen ■ E 5

Einstmals der Hafen von Uri und ein wichtiger Umschlagplatz im Gütertransport nach Süden, wird Flüelen heute noch vom Verkehr geprägt: Autobahnzubringer und Gotthardbahn zerschneiden den Ort, der am Südende des Sees Endstation der Schiffahrt bedeutet. Von hier geht es nur wieder zurück, entweder entlang dem Nord- oder dem Südufer. So ist Flüelen kein klassischer Ferienort geworden, obwohl es sich allemal als Ausgangspunkt für vielerlei Touren insbesondere hinein in den gebirgigen Kanton Uri eignet. Bekannt ist es eher als Transitstation auf dem Weg nach Süden. Von dem Ort führt seit 1964 eine Luftseilbahn zur Bergstation Eggbergen (1 447 m), dem Wander- und Skigebiet mit zwei Gasthäusern.

Das Naturschutzgebiet in der Schwemmebene der Reuss bildet sich durch das Deltaprojekt wieder neu als naturnahes Delta und wurde als »Landschaft von nationaler Bedeutung« eingestuft. Ein Informationsblatt für einen Rundgang im Delta ist im Verkehrsbüro Brunnen erhältlich.

Hotel

Gotthard
Im Dorfzentrum am Park.
Ochsenstr. 14
Tel. 044/2 11 46
22 Betten
Mittlere Preisklasse

Gemütliche Gasthäuser findet man rund um den See

Sehenswertes

Alte Pfarrkirche
1660–64 von Anton Burschert aus Vorarlberg konzipiert, ist der Bau heute entweiht und nicht mehr St. Georg und St. Nikolaus gewidmet: Seit 1900 war das Gotteshaus für den Abbruch vorgesehen, der mangels finanzieller Mittel nicht ausgeführt wurde. So diente die Kirche als Bürstenfabrik, in der im 1. Weltkrieg deutsche Kriegsinternierte arbeiteten, als Turnhalle, Vereinslokal und Aufführungsort von Calderons »Welttheater«. Die 1954 begründete »Vereinigung Alte Kirche« erreichte den Denkmalschutz für den Bau. Bei der Restaurierung 1981–83 wurden zwanzig Deckengemälde von 1758 freigelegt, die 1843 übermalt worden waren. Der erste größere, erhaltene frühbarocke Kirchenbau von Uri dient nun kulturellen Zwecken.

Bahnhof
Flüelens Bahnhof wurde 1944 fertiggestellt, galt als Prototyp für neue Schweizer Bahnbauten und erschien 1947 sogar auf einer Briefmarke. Im Wartesaal ist das Wandgemälde »Die Föhnwache« (1944) von Heinrich Danioth (1896–1953) zu sehen, ein bedeutender Künstler Uris, der beim Chor der Herz-Jesu-Kirche bestattet wurde. Das Bild zeigt auch Feuerwehrleute, die in den Föhnnächten, wenn Sturm drohte, am Seeufer wachen mußten.

Nicht weit vom Bahnhof befindet sich die Eisenplastik »Schwurhände« (1964) von Werner Witschi, Erinnerung an den Rütlischwur und Geschenk der Stadt Lausanne.

Herz-Jesu-Kirche
Eine neue Epoche des Schweizer Kirchenbaus markiert die geschlossene Einheit von Kirche, Pfarrhof, Totenkapelle und Friedhof, 1912 eingeweiht und als revolutionärer Bau gefeiert. Den Chor der neubarocken Kirche auf der Anhöhe (schöne Aussicht) haben Mönche der Beuroner Kunstschule aus Württemberg ausgemalt.

Schloß Rudenz
Das Schlößchen mit den gelbschwarz geflammten Fensterläden an der Hauptstraße ist in privatem Besitz und kann daher nicht besichtigt werden. Seine Mauern reichen bis in die Zeit um 1230 zurück. Die Wehr- und Reichszollburg erhielt nach 1727 einen schloßartigen Aufbau.

Essen und Trinken

Urner Hof
Urner Spezialitäten.
Tel. 044/2 01 70
Di geschl.
Mittlere Preisklasse

Service

Auskunft
Verkehrsbüro
6454 Flüelen
Tel. 044/2 42 23, Fax 2 42 35

Gotthardroute

Einer der bekanntesten europäischen Verkehrswege führt weit hinein ins gebirgige Uri zum Gotthardpaß. Noch ist die Panoramafahrt mit der Eisenbahn möglich, doch in naher Zukunft wird die Route im Zuge der neuen Eisenbahn-Alpentransversale (NEAT) zum Teil in einem Basistunnel verschwinden, denn der Güterverkehr soll von der Straße auf die Schiene verlagert werden. Die Eröffnung der teils waghalsig geführten **Gotthardbahn** 1882 bedeutete das Ende der Postkutschenzeit. 2 500 Arbeiter waren in drei Schichten ein

Jahrzehnt mit dem Projekt beschäftigt, 177 kamen ums Leben. Als 1875 die Mineure streikten, schoß die Bürgerwehr und tötete vier Bahnarbeiter. Die Zürcher »Tagwacht« schrieb damals: »Die Arbeitermetzelei in Göschenen ist ein Schandfleck für die Schweiz.«

Die vielen kleinen Orte auf dem Weg zum Gotthard lohnen Stopps, etwa **Amsteg** mit der **Burgruine Zwing Uri**, wo das Madernertal abzweigt. Das seit 1864 bestehende **Berghotel Madernertal** (1 350 m) im Naturschutzgebiet war ehemals ein Treffpunkt der sog. besseren Kreise und ist dank eines Fördervereins wiederbelebt worden (1 1/2 Std. Fußweg ab Postautostation Bristen/Talstation Golzern). **Wassen**, letzter Rastort vor dem 1980 eröffneten Autobahntunnel der N 2, sieht der Bahnreisende infolge der Kehrtunnel aus immer wieder aus neuer Perspektive. Den bekanntesten Urner Wintersportort stellt **Andermatt** (1 444 m) dar, das von November bis Mai als schneesicher gilt. Das Postauto verkehrt von dort zur **Göscheneralp**, dem größten Naturstaudamm Europas (1963). Ein schöner Wanderweg: von Andermatt durch die wildromantische **Schöllenenschlucht** der Reuss hinab nach Göschenen (Station Gotthardbahn). Ab Realp bei Andermatt verkehrt von Ende Juni bis Anfang Oktober die Dampfbahn Furka Bergstrecke ins Wallis (Tel. 077/45 53 90).

Krönung des Passo del S. Gottardo, des Gotthardpasses, bedeutet das **Hospiz** in 2 091 m Höhe, das von einer Stiftung als Eigentum des Schweizer Volkes unterhalten wird und in dem das **Gotthardmuseum** eingerichtet wurde (Juni–Okt. 9–18 Uhr, Eintritt 6 sFr)..

Hotel

Hotel St. Gotthard
Das Besondere ist die Lage, unbedingt reservieren!
Gurtnellen
Tel. 044/6 51 10
Mittlere Preisklasse

Gotthardmuseum: mit solchen Postkutschen ging es früher über den Paß

Service

Auskunft
Kantonaler Verkehrsverein Uri
Gotthard-Raststätte
6567 Schattdorf
Tel. 044/2 53 53, Fax 2 56 68

Postauto und Postkutsche
Das Postauto zum Gotthardpaß verkehrt nur vom 25. Juni–Ende Sept. (Auskunft Tel. 044/6 71 88). Wer wie anno dazumal mit der Postkutsche über den Paß reisen möchte, erkundigt sich beim Verkehrsamt Brunnen.

Isleten und Isenthal ■ E 4

Isleten, der kleinste Ort am See, vom dem aus man gemächlich nach Bauen oder Seedorf/Flüelen wandern kann, wird von den Schiffen angefahren und fungiert als Hafen des Bergdorfes Isenthal: In die Gemeinde (771 m) verkehrt der Postbus über eine enge Straße. Kurios: Am Ortseingang sind an einem Haus Bärentatzen befestigt – Erinnerung an den letzten Bär der Gegend, der 1820 erlegt wurde.

Rütli ■ E 4

Das Rütli, die berühmteste Wiese der Schweiz am Urner See gilt als Wiege der Eidgenossenschaft: 1291 sollen hier der Fürst aus Uri, der von Melchthal aus Unterwalden und Stauffacher aus Schwyz zusammengekommen sein, um den Landfriedensbund ohne Beteiligung der Habsburger zu schließen – eine »revolutionäre Tat«, urteilt Rütli-Buchautor Josef Wiget. Schiller setzte in »Wilhelm Tell« den Eid der Bundesgenossen in Verse: »Wir wollen frei sein, wie die Väter waren, eher den Tod, als in der Knechtschaft leben.« Als 1858 bereits die Grundmauern für ein Hotel auf dem Rütli standen, erwarb die Schweizer Gemeinnützige Gesellschaft das Gelände und übergab es als »unveräußerbares **Nationaleigentum**« an den Bund. Im 2. Weltkrieg machte sich General Guisan die Symbolkraft des Ortes zunutze, als er 1940 fünfhundert Offiziere auf die Landesverteidigung einschwor (sog. Rütli-Rapport). Alljährlich findet hier das **Rütlischießen** und am 1. August die **Nationalfeier** statt, jetzt weht dort die Schweizer Fahne, und seit 1991 ist der Ort

Lesetip

Adieu altes Uri ist der 544-Seiten-Prachtband von Karl Iten betitelt, der sich mit den dramatischen Veränderungen in dem Kanton am Vierwaldstätter See und der Gotthardroute befaßt. Mit viel Einfühlungsvermögen und Kenntnis beschreibt der Autor in dem ausgezeichnet bebilderten Buch den Wandel vom 19. zum 20. Jh. und auch Einzelaspekte wie Naturgewalten, Tellverehrung, die Besuche von Ludwig II. von Bayern. (Verlag Neue Zürcher Zeitung, 98 sFr).

Ausgangspunkt des 35 km langen »Weg der Schweiz«. Das **Rütlihaus** entstand 1869 im Stil eines Urner Bauernhauses, und am sogenannten Schwurplatz speisen drei Quellen den **Dreiländerbrunnen**.

Die Geschichte des Rütlischwurs wird seit dem 15. Jh. mit der Tellsage verknüpft, die Schiller mit seinem Drama »Wilhelm Tell« (1804) international bekannt gemacht hat. Die Eidgenossen würdigten dies, indem sie den Mythenstein, einen Fels nahebei im See, zum 100. Geburtstag des Dichters **Schillerstein** benannten (Inschrift: »Dem Sänger Tells, F. Schiller, die Urkantone 1859«).

Seedorf ■ E 5

Das kleine Dorf in der Reussebene wird durch die Autobahn N 2 vom Seeufer getrennt. Sehenswert ist das **Kloster St. Lazarus**. Von Benediktinerinnen 1559 begründet, entstand die barocke Klosteranlage 1684–1721, die Kirche 1695–1700. Nur nach schriftlicher Voranmeldung sind die Führung durch die Kirche und die Vorführung einer Tonbildschau, die Einblicke in den Klosteralltag gewährt, möglich (Kloster St. Lazarus, Sr. Maya Ledergerber, 6462 Seedorf-Uri). Das **Schlößchen A Pro** wurde als einer der schönsten Schweizer Landsitze des 16. Jh. 1555–58 in der Reussebene erbaut, mit Zinnen, Eckbastionen, Wassergraben und Prunkräumen. Bauherr Ritter Jakob A Pro war durch den Handel über den Gotthard zu Vermögen gekommen, Sohn Peter fungierte als Kammerherr des französischen Königs und Landesstatthalter von Uri. Beim Schloß A Pro befindet sich das **Urner Mineralienmuseum**.

Schloß A Pro
Juni–Sept. Do, Sa 13–17 Uhr,
Eintritt 3 sFr

Urner Mineralienmuseum
Juni, Sept.–Okt. Do, Sa–So 13–17,
Juli–Aug. tgl. 13–17 Uhr, sonst auf
Anfrage: Tel. 044/2 44 80,
Eintritt 4 sFr

Service

Auskunft
Verkehrsbüro
6460 Seedorf
Tel. 044/2 28 88,
Fax 2 02 88

Auf dieser Wiese soll die Schweiz gegründet worden sein

Seelisberg ■ E4

Von der Schiffsstation Treib fährt die 1916 eröffnete Standseilbahn hinauf nach Seelisberg (800 m). Dort sind vielerlei Wanderungen möglich, so zum **Rütli** hinab (eine Route ab Chilendorf, die andere ab Oberdorf), zum **Schlößchen Beroldingen** samt Kapelle (von 1546, zugänglich), das vermutlich um 1530 um einen mittelalterlichen Kern angelegt und 1746 erweitert wurde, zum **Seeli** mit Strandbad.

1874–75 erbaut, beherbergte das einst international bekannte kuppelbekrönte **Grand Hotel Sonnenberg** viele Prominente, so Richard Wagner, Gottfried Keller, Konrad Adenauer und die sächsische Königsfamilie. Seit 1972 firmiert der großartige Bau als »Internationale Residenz des Zeitalters der Erleuchtung« der Sekte des Maharishi Yogi, die auch die Hotels Pilgerheim und Walshaus-Rütli übernahm. Die kleine **Wallfahrtskapelle Maria Sonnenberg** beim Grand Hotel, eine der ältesten Wallfahrtsstätten der Schweiz, plante 1666 Anton Purtscher; Pilger ließen denn auch die ersten Herbergen auf der sog. Sonnenterrasse über dem See entstehen.

Service

Auskunft
Verkehrsbüro
6377 Seelisberg
Tel. 043/31 15 63,
Fax 31 49 07

Treib ■ E3

Das wohl meistfotografierte Gebäude am Vierwaldstätter See stellt das Haus zur Treib dar, ehemals Schutzhaus für Schiffer, Zufluchtsstätte für Verfolgte (die sich dort maximal drei Tage aufhalten durften) und Ort eidgenössischer Tagsatzungen (Versammlung der Abgesandten der Kantone) im 16. und 17. Jh. Allerdings stammt der Bau von 1903, das Original von 1659 wurde wegen Baufälligkeit abgebrochen. Das Urteil von Buchautor Karl Iten: »Ein dekoratives Vorzeigeobjekt mit gewisser vaterländischer Theatralik« (→ Lesetip, S. 85).

Die Schiffstation Treib ist Ausgangspunkt der Standseilbahn nach Seelisberg. 1991, zum 700-Jahr-Jubiläum der Eidgenossenschaft, beförderte sie 321 512 Personen – ein Rekord in ihrer seit 1916 währenden Geschichte.

Wenn auch nur ein Nachbau, das Haus zur Treib lockt viele Besucher an

Brunnen

■ E3

Brunnen ist die letzte Station am Vierwaldstätter See, bevor die Schiffe in den Urner See hineinfahren. Im bedeutendsten Ferienort des Kantons Schwyz endet nach 34,86 Kilometer die Wanderroute »Weg der Schweiz« und beginnt die klassische **Axenstraße**, die über Sisikon und Tellsplatte (wo der Nationalheld Gesslers Gefangenschaft entflohen sein soll) nach Flüelen führt.

Brunnen liegt aussichtsreich am Scheitelpunkt von Gersauer Seebecken und Urner See zwischen Fronalpstock und Urmiberg; dahinter erstreckt sich der Schwyzer Talboden zum nahen Kantonshauptort Schwyz. Bei der Schiffsstation und der einladenden **Seepromenade** samt Park stehen die Hotels in Reih und Glied am Beginn der Axenstraße, die der Hauptverkehr von der Autobahn N 4 aufgrund einer Umgehungsstraße allerdings erst außerhalb des Ortes erreicht. Auch die **Gotthardbahn** umfährt Brunnen und führt in vielen Tunnels am See entlang. Von Brunnens Dorfrand Richtung Gersau führt eine Luftseilbahn zum Wandergebiet **Urmiberg** (1 140 Meter, Terrassenrestaurant).

Prominentester Gast des Ortes war **Ludwig II.** (1845–86) von Bayern: Der Märchenkönig weilte 1865 und 1881 am See, der gemietete Dampfer »Waldstätter« lag für ihn stets aufgeheizt und fahrbereit im Brunnener Hafen. Ludwig II. brach von dort zu skurrilen Exkursionen auf, bei denen in den Wäldern am Ufer des Nachts die Hörner geblasen werden mußten und der von dem homoerotischen Monarchen verehrte Schauspieler Joseph Kainz auf der Rütliwiese Schiller rezitieren mußte. Auf dem Rütli wollte Ludwig II. ein weiteres Märchenschloß erbauen, vor der Tellsplatte plante er den entfleuchenden Tell als Monument à la Koloss von Rhodos zu errichten, doch wurde aus alledem nichts.

Auf der Seepromenade in Brunnen

Hotels

Hotel Elite am See und Aurora
Bequemes Mittelklassehotel.
Tel. 043/31 10 24, Fax 31 55 65
110 Betten
Mittlere Preisklasse

Gotthard garni
Familiäres Kleinhotel, abseits der Hauptstraße.
Tel. 043/31 11 55
26 Betten
Mittlere Preisklasse

Seehotel Waldstätterhof
Am See, privater Pool und Strandbad, 1870 eröffnet.
Tel. 043/33 11 33, Fax 31 47 66
160 Betten
Obere Preisklasse

Sehenswertes

Axenstraße
Weithin gerühmt wurde lange Zeit die 1862–65 entstandene, 11 km lange Axenstraße von Brunnen nach Flüelen, vom Kanton Schwyz zum Kanton Uri. Beide Orte waren auf dem Landweg nur schwer erreichbar, und so verlangte die Urner Regierung 1838: »Es möchte der St. Gotthardstraße durch die Herstellung einer Kunststraße von Flüelen bis Brunnen die Krone aufgesetzt werden.« Doch warf die Verwirklichung des Projekts viele technische Schwierigkeiten auf. Ausschlaggebend für die Realisierung waren schließlich militärische Gesichtspunkte. Allerdings haben Modernisierungsmaßnahmen dem kühnen Bauwerk viel von seiner Schönheit genommen. Jetzt ist sie aber auch nicht mehr so gefährlich wie ehemals, als mancher Kraftfahrer von der Aussicht so überwältigt war, daß er die Herrschaft über sein Fahrzeug verlor und in den See stürzte, oft mit tödlichen Folgen.

Bundeskapelle
Die Kapelle am Anfang der Bahnhofstaße, 1632 vom Ritter und Landammann (Schultheiß) Heinrich von Reding gestiftet und 1635 fertiggestellt, steht seit 1936 unter dem Schutz der Schweizer Eidgenossenschaft. In Brunnen wurde 1315 nach der Morgartenschlacht der Alte Bund der Eidgenossen von 1291 erneuert.

Grand Hotel
Eine der imposantesten Luxusherbergen am See, das 1905 erbaute Grand Hotel samt Liftturm und Dependance am Quai, steht schon seit Jahren leer. Mal sollten Petrodollars den einstigen Gesellschaftstreff über der Axenstraße wieder beleben, mal eine Fluggesellschaft. Es lohnt sich unbedingt, die Wandelterrasse zu besuchen: der schönen Jugendstilornamente und der phantastischen Aussicht wegen.

Platz der Auslandsschweizer
Im Park beim Hotel Waldstätterhof informiert eine ständige Ausstellung unter freiem Himmel über die Auslandsschweizer (über 456 000 in aller Welt), ein Bilderbogen von der Schweizer Garde des Vatikan bis nach New Glarus, Wisconsin, USA.

Essen und Trinken

Speiserestaurant Ochsen
Historisches Gasthaus, Gartenterrasse.
Tel. 043/31 11 59
Mittlere Preisklasse

Service

Auskunft
Reise & Verkehrsbüro
6440 Brunnen
Tel. 043/31 17 77, 31 39 39,
Fax 31 17 78

Rundgang
Mit Besichtigung der Weinkellerei Dettling (gegr. 1817, eine der ältesten Kirschdestillerien der Schweiz und größter Exporteur des Landes). Juni–Okt. jeweils Di 10 Uhr ab Verkehrsamt.

Ausflugsziele

Morschach ■ E 3/E 4

Beim Grand Hotel Brunnen kann man noch heute den Beginn der Trasse der eingestellten elektrischen Zahnradbahn sehen, die seit 1905 hinauf zur Sonnenterrasse Morschach in 646 m Höhe führte und weiter zum **Axenstein**, dessen inzwischen abgerissene Grand Hotels Axenfels und Axenstein einst Weltruhm erlangten. Das Grand Hotel Palace Axenfels bot Orchesterkonzerte, ein Weinrestraurant, einen Park und auch auf dem Axenstein flanierte man zu den Klängen der Stehgeiger. Englands Queen Victoria lobte den Axenstein: »Das ist der schönste Platz, den ich auf meiner Schweizer Reise getroffen.« Jetzt verkehrt der Postbus in den Ferienort, wo für 110 Mio. sFr das gigantischste Tourismusvorhaben der Schweiz geplant wird; Naturschützer haben allerdings Einwände gegen das Projekt. Ein Freizeitpark Axenfels (600 Betten) soll für 28 Mio sFr bis 1996 fertiggestellt sein.

Service

Auskunft
Verkehrsverein
6443 Morschach
Tel. 043/31 11 58
Fax 31 55 48

Sisikon ■ E 4

Das kleine Dorf am See war bis weit ins vergangene Jahrhundert nur über beschwerliche Fußwege erreichbar, weshalb Sisikon 1387 eine eigne Pfarrei begründete. »Das Tor zu Uri«, nördlichster Ort des Kantons, war immer wieder von Naturgewalten betroffen, so 1801, als bei einem Felssturz 14 Menschen ums Leben kamen, viele Häuser und alle Schiffe zerstört wurden, denn die rutschenden Bergmassen hatte eine Flutwelle ausgelöst.

Die **Tellskapelle** steht angeblich dort, wo der Schweizer Nationalheld seinen Häschern entsprang: »So bin ich hier gerettet aus des Sturms Gewalt und aus der schlimmeren der Menschen«, heißt es bei Schiller. Sie gilt als älteste der drei Tellkapellen (die anderen befinden sich bei Küssnacht und in Bürglen) und wurde um 1510 erstmals erwähnt. 1878 beseitigte man die alte Kapelle, deren Fresken von 1719 heute im Schlößchen A Pro von Seedorf zu sehen sind. In der neuen Kapelle (1879–80) schuf Historienmaler Ernst Stückelberg (1831–1903) vier Fresken und verwendete dafür Einheimische als Modelle. Sein Werk wurde später u. a. mit der Verleihung des Dr.h.c. durch die Universität Zürich honoriert.

Vom Hotel-Restaurant Tellsplatte führt ein Fußweg zur Kapelle. Die Tellsplatte ist auch Ausgangspunkt der Luftseilbahn nach **Unteraxen** (820 m). Dort gibt es die Schweizer Familienfeuerstelle, einen großen Grillplatz.

Service

Auskunft
Verkehrsverein
6452 Sisikon
Tel. 044/2 18 88

Stoos ■ E 4

Von Morschach verkehrt die Luftseilbahn zum autofreien Sommer- und Wintersportort Stoos (1 300–2 000 m). Erreichbar ist die in der Gemeinschaft Autofreier Schweizer Tourismusorte (GAST) organisierte Gemeinde auch von Schwyz-Schlattli her mit der Seilbahn **Stoos-Express**, der steilsten Drahtseilbahn Europas und der einzigen Panoramastandseilbahn der Schweiz. Zu dem lange Zeit nur schwer zugänglichen Bergort war 1883 von Morschach eine Straße angelegt worden – für ängstliche Gemüter eine aufregende Fahrt. Ende 1992 eröffnete die Luftseilbahn zum **Fronalpstock** (1 992 m, Berggasthaus). Auf dem Hochplateau stehen 500 Fremdenbetten und weitere 1 800 in Gruppenunterkünften bereit. Stoos besitzt ein beheiztes Alpinschwimmbad im Tannenwald, 50 km Wanderwege, 6 Skilifte, 20 km Pisten, 15 km Loipen u.v.a.m. Sehenswert ist die **Wallfahrtskapelle Maria Hilf** (1930).

Hotels

Schwyzer Bärghus/
Garni Bärghus
(→ Mit Kindern unterwegs, Der Besondere Tip, S. 26)

Sporthotel Stoos
4-Sterne-Haus, nahe der Bergstation des Stoos-Express .
Tel. 043/23 15 15, Fax 21 70 93
110 Betten
Nov. geschl.
Obere Preisklasse

Service

Auskunft
Verkehrsbüro
6433 Stoos
Tel. 043/21 15 50, Fax 21 84 30

Dichter Nebel über dem Tal: in Stoos scheint die Sonne

Tell, Tell und nochmals Tell:
bei den gleichnamigen Festspielen
in Altdorf dreht sich
alles um den Nationalhelden

Wallfahrtsort und viel steinerne Historie: Obwalden und Nidwalden, die beiden Halbkantone sind eine Entdeckungsreise wert.

Am Alpnacher See vorbei, einem Seitenarm des Vierwaldstätter Sees, verlaufen die Autoroute N 8 und die Brünigbahn (seit 1889) in Richtung Brünigpass/Interlaken und erreichen Sarnen und den Sarner See. Der Hauptort des Kantons Obwalden liegt inmitten vieler kleiner Frerienorte und der »einzigartigen Sakrallandschaft « des Bruder Klaus: Niklaus von Flüe ist der einzige heiliggesprochene Schweizer und dementsprechend vielfrequentiert sind die Wallfahrtsstätten in Flüeli-Ranft und Sachseln.

Sarnen, das beschauliche Städtchen im Tal der Sarner Aa, beherbergte kurzzeitig als Neubürger auch einen »Kaiser«, den es aus Gründen der Steuerersparnis nach Obwalden zog: Bis heute erinnert das »Franz Beckenbauer-Tenniscenter« daran.

Touristischer Hauptanziehungspunkt der Region ist das Skigebiet um den kleinen Ort Engelberg. Das Feriendorf ist von mehreren Dreitausender-Gipfeln umgeben, darunter dem Titlis (→ Routen und Touren, S. 106). Auf dessen Gletscher kann man bis weit in den Frühling hinein Skilaufen. Bedroht ist das Image der Region allerdings durch ein geplantes Lager für radioaktive Abfälle in der kleinen Gemeinde Wolfenschiessen nahe Engelberg. Interessen des Tourismusgewerbes und kleiner Gemeinden, die kaum am Tourismus verdienen, treffen hier aufeinander.

Im wildreichen Bergland haben die Jäger noch zu tun

Sarnen

■ B 5

Sarnen, 25 Kilometer von Luzern entfernt, verwahrt im Obwaldner Staatsarchiv das **»Weisse Buch von Sarnen«**, um 1470 vom Landschreiber Hans Schriber verfaßt: ein Dokument, das als wichtigste Quelle zur Entstehungsgeschichte der Eidgenossenschaft gilt und erstmals auch die Tellgeschichte berichtete.

Abgesehen von der Pfarrkirche St. Peter (an der Straße nach Wilen südöstlich vom Ort) liegen alle Sehenswürdigkeiten im Zentrum: das **Rathaus** (1731), der **Dorfbrunnen** von 1604 mit der Statue des Bruder Klaus (1708), die **Dorfkapelle Maria Laurentana** (Hauptteil 1662 fertiggestellt) und der **Hexenturm**, ehemals Vorwerk der Burg.

Es ist empfehlenswert, die Sarner Aa zu überqueren und hinauf zum **Landsgemeindeplatz** zu spazieren. Wo einst eine der größten Burgen der Schweiz angelegt war, versammelt sich nun bei **Zeughaus** (1710) und **Schützenhaus** (1747) am letzten Sonntag im April die Landsgemeinde, die seit 1646 in Obwalden zu Beschlußfassungen und Wahlen zusammentrifft.

Im Barockstil konzipierte der Tiroler Franz Singer die 1739–42 entstandene **Pfarrkirche St. Peter**, deren Türme über Eck gestellt sind. Das benachbarte **Beinhaus** (um 1500) weist eine spätgotische Holzdecke von 1505 auf. Im ehemaligen Zeughaus von 1599 ist das **Museum für Obwaldner Geschichte, Kunst, Kunsthandwerk, Volkskunde und Brauchtum** untergebracht: Brünigstraße, April–Okt. Di–So 10–11 und 14–17 Uhr, Eintritt 4 sFr.

Der siebeneinhalb Quadratkilometer große Sarner See ist der kleinste Schweizer See, auf dem ein Kursschiff nach Fahrplan verkehrt: Die etwa zweistündigen Rundfahrten beginnen von April bis Oktober bei der Bootsvermietung Seefeld-Imbiss in Wilen (Tel. 041/66 64 08, 66 63 68).

Instrument mittelalterlicher Gerichtsbarkeit: der Pranger in Sarnen

Hotel

Hotel Krone
Vier-Sterne-Haus, zentral.
Tel. 041/66 66 33, Fax 66 82 34
100 Betten
Mittlere Preisklasse

Essen und Trinken

Restaurant Loki
Gegenüber vom Bahnhof, Garten.
Tel. 041/66 12 04
Untere Preisklasse

Service

Auskunft
Verkehrsbüro
6060 Sarnen
Tel. 041/66 40 55, Fax 66 32 78

Ausflugsziele

Flüeli-Ranft ■ B 5

Der Wallfahrtsort (728 m) hoch über dem Sarner See gelegen, weist zahlreiche Erinnerungsstätten an Niklaus von Flüe (1417–87) auf, der sich 1467 als Einsiedler in die Ranftschlucht, den engen Felstobel der Melchaa, zurückzog und als Friedenstifter und Vermittler hohes Ansehen genoß. 1646 wurde er selig-, 1947 als erster und bislang einziger Schweizer von der katholischen Kirche heiliggesprochen.

TopTen 7

Postauto, Busse und Pkw kommen auf dem zentralen Parkplatz bei der Kapelle des heiligen Karl Borromäus (erbaut 1614–18) »auf der Fluo«, d.h. »auf dem Felsen«, an. Geburtshaus und Wohnhaus von Bruder Klaus befinden sich im Ort, zu den Ranftkapellen steigt man auf steilem Weg in die wildromantische Ranftschlucht hinab (hin und zurück ca. 30 Minuten).

Hotel/Essen und Trinken

Hotel Paxmontana
Jugendstil 1895, großartige Lage, Restaurant, Hausgeistlicher und -kapelle.
Tel. 041/66 22 33, Fax 66 61 42
200 Betten
Nov.–Feb. geschl.
Mittlere Preisklasse

Sehenswertes

Geburtshaus Niklaus von Flüe
Das Holzhaus, dessen Fundamente bis ins Hochmittelalter zurückreichen, war Stammsitz derer von Flüe.
Mo–Fr 9–11.45 und 13.30–17.30, So und Feiertage 10–11.45 und 13.30–17.30 Uhr

Wohnhaus Niklaus von Flüe
Den hölzernen Blockbau verließ Nikolaus von Flüe 1467 für immer, um sein Einsiedlerleben zu beginnen.
Mo–Fr 9–11.45 und 13.30–17.30, So und Feiertage 10–11.45 und 13.30–17.30 Uhr

Obere Ranftkapelle mit Zelle
In dem Neubau von 1701 berichtet ein Achtzehn-Bilder-Zyklus aus dem Jahre 1821 vom Leben des Bruder Klaus. Die Einsiedlerzelle zeigt zum Großteil noch den Zustand, als der Eremit dort lebte.
Geöffnet bis Einbruch der Dunkelheit

Untere Ranftkapelle
Eine Wand der Kapelle zeigt einen weiteren Bruder-Klausen-Zyklus, der um 1530–40 entstand. Bemerkenswert das große Votivgemälde aus dem Jahre 1921 in der Kapelle: Dank dafür, daß die Schweiz Friedensinsel inmitten des »Totentanzes« des 1. Weltkriegs blieb.
Geöffnet bis Einbruch der Dunkelheit.

Service

Auskunft
Verkehrsbüro
6073 Flüeli-Ranft
Tel. 041/66 34 56, Fax 60 99 39

Sachseln ■ B 5

Der Ferienort am Sarner See ist Ziel vieler Pilger, ist doch in der 1684 geweihten **Pfarrkirche** Bruder Klaus begraben; Papst Johannes Paul II. besuchte Sachseln und Flüeli-Ranft 1984. Der Bau der stattlichen Kirche wurde durch Fronarbeit und Extrasteuern möglich. Das Reliquiar ist heute in den Blockaltar integriert; im rechten Querschiff wird in einem Glasschrank (Beleuchtung durch Schalterdruck) die Kutte des Heiligen ausgestellt. In der **Grabkapelle** außerhalb der Kirche blieb das frühere Grab von Bruder Klaus erhalten. Eines der Votivbilder in dieser Kapelle erinnert an das Schiffsunglück 1766 auf dem Vierwaldstätter See: Obwaldener Prozessionsteilnehmer gerieten damals auf der Schiffsreise von Luzern nach Alpnach in einen Strum, 48 Menschen kamen ums Leben. Das folgenschwerste Unglück auf dem See in diesem Jahrhundert ereignete sich 1944, als beim Haslihorn von Horw 20 Mitglieder einer Hochzeitsgesellschaft ertranken.

Das **Museum Bruder Klaus** ist in einem Bürgerhaus von 1784 mit Barockgarten untergebracht. Es zeigt u. a. Verehrungszeugnisse und bildliche Darstellungen von Bruder Klaus.

Museum Bruder Klaus
Dorfstraße 4, nahe der Kirche
Palmsonntag–Allerheiligen
Tgl. 9.30–12 und 14–17 Uhr
Eintritt 3 sFr

Service

Auskunft
Verkehrsbüro
6072 Sachseln
Tel. 041/66 26 55, Fax 60 94 51

Kapelle des Heiligen Karl »auf der Fluo« auf dem Felsen

Stans

■ C4

Der Halbkanton **Nidwalden** zählte als Unterwalden zu den Gründungsmitgliedern der Eidgenossenschaft und wurde weithin bekannt, als sich sein »kleines tapferes Bergvolk« beim sogenannten Franzoseneinfall 1798 der »Grande Nation« entgegenstellte: Die erzkatholischen und konservativen Nidwaldner sahen die helvetische Revolution als Angriff auf »Gott und Vaterland«, schickten vor Tausenden von Zuschauern (!) selbst Priester und Frauen (»verwegen bis zur Raserei«) in die achtstündige aussichtslose Schlacht: Am Ende stand auf dem Dorfplatz von Stans der Freiheitsbaum als Symbol der Revolution, 414 Nidwaldner, darunter 102 Frauen, waren umgekommen.

Demokratische Tradition

Stans ist Nidwaldens kleinstädtischer Regierungssitz. Am letzten Sonntag im April legen die mit Beifall begrüßten Honoratioren und Politiker nach einem Hornsignal mit vielen Hunderten im Gefolge den zwanzigminütigen Weg nach Wil an der Aa zurück. Dort versammelt sich wie in alten Zeiten die **Landsgemeinde** als politisches Entscheidungsorgan im strikt abgesperrten Geviert beim Zeughaus (1775).

»Die gewaltige Rundsicht ist ein Meisterwerk der Natur«, hielten bereits historische Reiseführer angesichts der Aussicht vom **Stanserhorn** (1 898 Meter) fest. Bei der Eröffnung der **Stanserhornbahn** 1893 stellte die Standseilbahn gleich drei Weltrekorde auf: mit ihrer Länge von 3,9 Kilometern, mit der Neigung und der Betriebsart (einzige Drei-Sektionen-Bahn: Stans/ Kälti/Alpe Blumatt). Krönung des Gipfels war das luxuriöse Hotel Stanserhorn-Kulm – Tagesbesuchern auf dem »Horn«, wie die Bevölkerung den Berg nennt, blieb damals das »Restaurant II. Classe«.

Um die Touristen rasch zur Talstation zu bringen, wurde eigens die erste elektrische Überlandstraßenbahn der Schweiz von Stansstad am See nach Stans eingerichtet. Mit der Eröffnung der bis heute bestehenden LSE-Bahn ging das Unternehmen Tram pleite. Hotelkönig Bucher-Durrer, ein Obwaldener Bauernsohn, war so clever, daß er das Transportmittel aus der Konkursmasse ersteigerte und sich dessen Liquidation von der LSE mit 150 000 sFr honorieren ließ. Der geschäftstüchtige Unternehmer schuf mit seiner Baufirma Kraftwerke, Bergbahnen (u.a. die Stanserhornbahn) und Straßenbahnlinien, was ihm in Genua eine Million Goldfranken einbrachte. Stolz ließ er das Geld stapeln und sich vor dieser Kulisse im Garten seines Hauses in Kerns fotografieren.

1970 ging das Hotel durch Blitzschlag in Flammen auf: Weil auch das Maschinenhaus brannte und somit die Bahn ausfiel, mußten Feuerwehrleute und Helfer das letzte steile Stück zu Fuß zurücklegen – sie kamen zu spät.

Die frühbarocke St. Peter und Paul-Kirche

Hotel

Hotel Linde
1715 erbaut; die Zimmer sind teilweise im Biedermeierstil eingerichtet.
Dorfplatz 7
Tel. 041/61 28 26, Fax 61 24 40
18 Betten
Mittlere Preisklasse

Sehenswertes

Dorfplatz
Das **Rathaus** (1715) und mehrere Barockbauten bestimmen die harmonische Anlage. Nidwaldens Held, **Arnold Winkelried**, der 1386 die Schlacht von Sempach gegen die Habsburger zugunsten der Eidgenossen gewendet haben soll, ist gleich zweimal präsentiert: als Figur auf dem unteren Brunnen und im dominierenden Denkmal am Platzende. Die **Kirche St. Peter und Paul** entstand 1641–47 im frühbarocken Stil; ihr Turm geht bis ins 12./Anfang 13. Jh. zurück.

Kapuzinerkloster
Johann Heinrich Pestalozzi (1746–1827), der berühmte Pädagoge, leitete in dem 1683 entstandenen Kloster nach den Kriegswirren 1798–99 die Armenanstalt, wurde aber, da er Evangelisch-Reformierter war, als Ketzer befehdet und mußte Stans verlassen.

Museen

Rosenburg/Nidwaldner Museum für Geschichte
Der einstige Adelssitz war vom Abriß bedroht, als sich eine Stiftung des »Höfli« annahm und den Zustand von um 1750 wiederherstellte, auch die Prunkräume. 1991 eröffnete darin eine der bestkonzipiertesten Ausstellungen der Region.
Alter Dorfplatz 3
April–Okt. Di–Sa 14–17, So 10–12 und 14–17, Nov.–März Mi, Sa 14–17, So 10–12 und 14–17 Uhr

Winkelriedhaus/Museum für Kultur und Brauchtum von Nidwalden
Reich ausgestattetes Herrenhaus, Anfang des 17. Jh. wesentlich ausgebaut.
April–Okt. Di–Sa 14–17, So 10–12 und 14–17, Nov.–März Mi, Sa 14–17, So 10–12 und 14–17 Uhr

Essen und Trinken

Wirtschaft zur Rosenburg
Im historischen Gebäude, Garten.
Untere Preisklasse
Mo, Di geschl.

Service

Auskunft
Verkehrsbüro Stans/ Touristikfachstelle Nidwalden
Buochserstr.
6370 Stans
Tel. 041/61 88 33, Fax 61 88 66

Ausflugsziele

Fürigen ■ C 4

Per Pkw ist die Ansiedlung über die Straße von Stansstad über Obbürgen erreichbar oder weitaus romantischer mit der alten **Standseilbahn**, die von der Uferstraße Stansstad–Kehrsiten am Vierwaldstätter See hinaufklettert (ca. 10 Min. Fußweg von Stansstad bis Talstation). Fürigen beherbergt in exzellenter Aussichtslage seit 1894 Gäste, erst im Kurhaus, nun im Vier-Sterne-**Hotel Fürigen** mit fünf Restaurants, in denen man auf teils kühn angelegten Terrassen und Balkonen speist (Mittlere Preisklasse).

Stansstad ■ C 4

Der Ferienort am Vierwaldstätter See war einst Hafen von Stans: An jene Zeit erinnert der Schnitzturm am Ufer, ein Wehrturm aus dem Mittelalter. Sehr zu empfehlen ist der Weg entlang des Sees und über die Hänge nach Kehrsiten. Spaziert man von Stansstad auf der Uferstraße Richtung Kehrsiten, so entdeckt man nach ca. 15–20 Min. an der Felswand einen Holzschuppen. Das ist der Eingang zur 1942 fertiggestellten unterirdischen **Festung Fürigen**, die mit 8 000 qm für 100 Mann Besatzung angelegt und unter Belagerung etwa 20 Tage zu halten war. Ihre Geschütze reichten bis zum wichtigen Verkehrsweg am Pilatus, die Stellungen sind bis heute von außen kaum zu erkennen. 1987 wurde die weitläufige Anlage im Berg aufgegeben und kann seit 1990 als Museum der Wehrgeschichte besichtigt werden (Temperatur in der Festung ca. 12°).
April–Okt. Sa–So 11–17 Uhr
Eintritt 5 sFr

Hotel

Hotel Winkelried
Neubau am See, diverse Restaurants.
Tel. 041/61 99 01, Fax 61 96 31
58 Betten
Obere Preisklasse

Tal der Engelberger Aa ■ C 4/C 5

Eine Reihe kleinerer Ferienorte liegt im Tal der Engelberger Aa und auf den Höhen zwischen Stans und Engelberg. Nur mit einer Luftseilbahn oder zu Fuß kann das Klosterdorf **Niederrickenbach** (1 163 m) mit Wallfahrtskirche und Benediktinerinnenkloster (bekannt für Stickereien und Kräutertee) von Dallenwill aus erreicht werden. **Wellenberg** (1 341 m) wird 2005 Ort des atomaren Endlagers.

Service

Auskunft
Verkehrsverein
6362 Stansstad
Tel. 041/61 13 77, Fax 61 95 77

Der Besondere Tip

Die Oldtimer der 1893 eröffneten **Stanserhornbahn** sind von Mitte April bis Mitte November nur noch bis zur Mittelstation unterwegs: Dort heißt es dann umsteigen in moderne Seilbahnkabinen, von denen aus man die alte Bahntrasse am Berg noch gut erkennen kann. Auf dem Gipfel mit seiner großartigen Aussicht gibt es seit 1976 das Bergrestaurant mit Sonnenterrasse. Eine schöne, etwa vierstündige Wanderung führt von der Bergstation über den Ostgrat der Rinderalp, bergab zur Alp Blumatt und weiter nach Kälti bzw. Stans. ■ C 4

Ob per Dampfschiff, Eisenbahn, Fahrrad, Bergbahn oder zu Fuß: Die Orte am Vierwaldstätter See sind auch ohne Auto gut zu erreichen.

Angesichts des ausgezeichneten öffentlichen Verkehrsnetzes sei der Pkw allenfalls empfohlen, wenn man etwas weiter vordringen oder auch Rundtouren zurücklegen möchte.

Die historischen Dampfschiffe auf dem Vierwaldstätter See sind die bequemste und auch stilvollste Art, sich fortzubewegen. In Verbindung mit den Seilbahnen, deren Talstationen oft nur wenige Meter vom Schiffsanleger entfernt liegen, lassen sich schöne Touren kombinieren.

Mit der Bahn erreicht man von Luzern aus fast alle sehenswerten Orte rund um den Vierwaldstätter See: Die LSE-Bahn fährt über Stans in etwa einer Stunde zum bekannten Kurort Engelberg. Richtung Gotthard gibt es eine gute Bahnverbindung entlang des Nordufers (eine Stunde bis Flüelen, 1 1/2 bis Göschenen). Die Brünigbahn verkehrt über Alpnachstad in 40 Minuten bis nach Sachseln. Nur knapp 30 Minuten sind es mit der Eisenbahn von Luzern nach Zug.

Viele Wege führen zum Gipfel der Rigi

Das Postauto fährt auch abgelegene Orte an. Einige Postautodienste halten spezielle Informationsblätter für Wanderer parat, in denen interessante Ziele und Routen aufgeführt sind. In der Hauptsaison bieten die örtlichen Busunternehmen zahlreiche Ausflugsfahrten an, so etwa nach Engelberg, Einsiedeln, Lugano, Interlaken/Grindelwald und ins Muotatal.

Vom Schiff in die Gondel, per Fuß zurück zum Bus

Es bietet sich an, Rundtouren mit verschiedenen Verkehrsmitteln zurückzulegen. Einige Beispiele: Man fährt von Luzern per Schiff nach Alpnachstad, benutzt die Zahnradbahn zum Pilatus, fährt mit Luftseil- und Gondelbahn nach Kriens, steigt dort nach kurzem Fußweg in den Bus zum Bahnhof Luzern.

Vielerlei Möglichkeiten bieten sich auch für die Rigi an: Anreise per Schiff, von Vitznau mit der Bergbahn hinauf, mit der Arth-Rigi-Bahn hinunter zum Bahnhof Arth Goldau, von dort Rückfahrt mit dem Zug nach Luzern. Oder: Bergbahnfahrt ab Vitznau, Rückreise allerdings dann mit der Luftseilbahn nach Weggis, von dort zu Fuß bergab zur Schiffsstation.

Ab Brunnen besteht die Möglichkeit, mit dem Bus nach Morschach zu fahren und weiter mit der Luftseilbahn in den autofreien Bergort Stoos, von wo aus eine weitere Seilbahn zum Fronalpstockgipfel führt. Von Stoos fährt die Bergbahn »Stoos-Express« hinunter nach Schlattli am Anfang des Muotatals, von wo aus der Bus regelmäßig nach Schwyz unterwegs ist. Der dortige Bahnhof ist etwas vom Zentrum entfernt und befindet sich im Ortsteil Seewen.

Eine empfehlenswerte kombinierte Schiff-Bahnreise stellt der »Wilhelm-Tell-Express« dar, der die Zentralschweiz mit dem Tessin verbindet und von Anfang Mai bis Ende Oktober täglich 11.25 Uhr ab Luzern verkehrt (an Lugano 17.21 Uhr, Locarno 17.24 Uhr). Die Erste-Klasse-Reise auf dem Raddampfer und im Großraumwagen über die Gotthardlinie kostet einfach inklusive Mittagessen, Reisedokumentation, Souvenir ca. 150 sFr.

Wanderparadies für Bergfreunde

Alle Verkehrsbüros halten Vorschläge für Wanderungen bereit. Vom Spazierang auf der ebenen Seepromenade bis zum Aufstieg in die Berge bietet sich eine breite Skala an. Als klassische Wanderberge am Vierwaldstätter See gelten Pilatus und Rigi. Eine zweckmäßige Ausrüstung und bei anspruchsvollen Touren gutes Kartenmaterial sollten ebenso selbstverständlich sein, wie die vorherige Erkundigung nach der Wetterlage.

Alle wichtigen Orte und Ausflugsziele, die hier nur kurz gestreift werden, finden Sie im Kapitel »Sehenswerte Orte und Ausflugsziele« ausführlich beschrieben.

Fahrt auf den Titlis: der Faszination dieser grandiosen Bergwelt kann sich wohl keiner verschließen

Engelberg und Titlis

Ein klassischer Bahnausflug von Luzern führt mit der LSE, der **Luzern-Stans-Engelberg-Bahn,** nach **Engelberg**, den größten Sommer- und Winterkurort der Zentralschweiz, zu dem mit dem 3 238 Meter hohen **Titlis** der höchste Berg und das größte Skigebiet dieser Region gehören (Fahrtzeit 60 Minuten). Der Titlis ist Favorit der »Europe in 14 days« bereisenden Japaner; zeitweise hatte dort der Luzerner Verkehrsverein eine Trauung pro forma im Gletschereis für asiatische Gäste inszeniert, die allerdings in kirchlichen Kreisen zu Recht auf Widerspruch stieß – nun feiert man eben auf Meggenhorn.

Ausflug ins ewige Eis

Die **Luftseilbahnen** haben den Titlis nach und nach erobert: Erst führte nur eine Standseilbahn 1913 bis Gerschnialp, 1927 bzw. 1959 wurde die Strecke bis zum Trübsee verlängert, 1965 zum Stand in 2 450 Meter Höhe weitergeführt, ehe die Luftseilbahn 1967 den Titlis-Gipfel erreichte. Am 20. Dezember 1992 eröffnete auf der Strecke Stand– Titlis die erste drehbare Luftseilbahn der Welt, Rotair genannt, ihren Betrieb (tgl. 8.30–16.30 Uhr, Nov. nur auf Anfrage, Tel. 041/ 94 15 24). In der Eisgrotte macht man den Weg durch den kleinsten Alpengletscher, hinter dem sog. Südwandfenster verbirgt sich die Passage durch den Felsen zur Südwand des Berges, und in der Filmhalle sieht man einen kurzen Toporamafilm über den Titlis, auf dessen Gipfel und in Stans sich Bergrestaurants befinden. Die Seilbahngondeln sind mit verschiedenen Wappen geschmückt: von Ennetmoos über Fiji bis Singapur!

Kultur in Engelberg

Sehenswert in Engelberg ist das 1120 gegründete **Benediktinerkloster**, ehemals Mittelpunkt eines geistlichen Miniaturstaates. Die barocke Stiftskirche mit der größten Orgel der Schweiz entstand nach dem Klosterbrand 1730–37. Kostbarstes Stück des Klosterschatzes stellt ein Reliquienkreuz um 1200 dar, die Bibliothek bewahrt u. a. Zeugnisse der Engelberger Buchmalerei aus dem 12. und 13. Jahrhundert (Klosterführungen Mo– Sa 10 und 16 Uhr). Das **Talmuseum** informiert über die Ortsgeschichte (Weihnachten bis eine Woche nach Ostern, Juli–Aug. Di–So 14–18, Mai–Juni und Sept.–Okt. Mi–So 14–18 Uhr, Nov., Dez. bis Weihnachten geschlossen).

Auskunft
Tourist Center
6390 Engelberg
Tel. 041/94 11 61,
Reservierungen 94 22 20
Fax 94 41 56

Dauer: Halber Tag
Karte: → Klappe vorne

Romantische Stellen findet man im Engelbergtal

Von Luzern zum Kloster Einsiedeln

Eine größere Rundfahrt führt von Luzern bei Küssnacht auf die N4 nach Schwyz, von dort im Alptal nach Einsiedeln, von dort Richtung Ägerisee mit Oberägeri und Unterägeri nach Zug; die Autobahn N4 führt zurück zum Ausgangspunkt Luzern. Das barocke **Benediktinerkloster Einsiedeln** ist der meistbesuchte Marienwallfahrtsort des deutschen Sprachraums und eine der größten geschlossenen Klosteranlagen Europas (Auskunft: Verkehrsbüro, 8840 Einsiedeln, Tel. 055/53 44 88). Zu empfehlen sind Klosterführungen, die Tonbildschau (Mai–Okt. tgl. 14 Uhr, Nov.–April So 14 Uhr), die Ausstellung der Kunstschätze im Kloster und die Pferdezucht. Weitere Anziehungspunkte sind das **Diorama Bethlehem**, größte Krippendarstellung der Welt, und das Riesenrundgemälde **Panorama Jerusalem** (beide von Ostern bis Allerheiligen zu besichtigen). »Das große Welttheater« von Calderón de la Barca wird alle fünf Jahre auf dem Klosterplatz Einsiedelns aufgeführt, das nächste Mal wieder 1997. Am Ort befindet sich das größte Handelshaus der Schweiz für Devotionalien, die Firma Rikkenbach.

Dauer: Tagestour
Karte: → Klappe vorne

Ins Luzerner Hinterland

Eine Entdeckungsreise ist auch Luzerns Hinterland wert, so der **Sempacher See** rund 15 Kilometer nordwestlich von Luzern. Das historische Städtchen **Sempach** mit Resten der mittelalterlichen Stadtbefestigung wurde bekannt durch die Schlacht von 1386, als die Eidgenossen ein habsburgisches Ritterheer besiegten (Gedenkfeier, sog. **Schlachtjahrzeit**, im Juni).

Im Rathaus befindet sich das Heimatmuseum (Ende April–Juni und Sept.– Ende Okt. Sa–So 14–17, Juli– Aug. Mi, Sa–So 14–17 Uhr. Auskunft: Verkehrsbüro, Tel. 041/99 18 70). Am Sempacher See liegt auch Sursee mit sehenswerter Altstadt. Das Museum der Schweizer Kapuzinerprovinz informiert über das Leben des hl. Franz von Assisi, die Geschichte von Franziskanern und Kapuzinern in der Schweiz und über Missionsarbeit (Mai–Okt. nach Anmeldung, Tel. 045/ 21 21 30). Der historische Marktflecken Beromünster liegt zwischen Sempacher See und Baldegger See. Das Heimatmuseum im Schloß hat Mai–Okt. So und an Feiertagen 15–17 Uhr geöffnet. Der Kirchenschatz in der Stiftskirche kann Mo–Sa 10–12 und 14–17, So 11–12 Uhr besichtigt werden. Verkehrsbüro, Tel. 045/ 51 16 71.

Dauer: Tagestour
Karte: → Klappe vorne

Dampfschiffahrt auf dem Vierwaldstätter See

Als einmalig auf der Welt, neben den Schiffen des Genfer Sees, gilt die historische Raddampferflotte auf dem Vierwaldstätter See im Hinblick auf Schiff- und Maschinenbau sowie die Innenausstattung: Den wohlhabenden Reisenden der Jahrhundertwende wollte man Luxus bieten und den lassen die Flaggschiffe der SGV, der Schiffahrtsgesellschaft des Vierwaldstätter Sees, bis heute in vielen Details erkennen.

Der Kampf um die historische Raddampferflotte

Es ist ein Verdienst der »Freunde der Dampfschiffahrt«, der »Vereinigung zur Erhaltung der Vierwaldstätter See-Dampfer« (Postfach 2944, 6002 Luzern), daß der See nach wie vor seine schwimmenden Sehenswürdigkeiten besitzt. Die Bürgerinitiative war 1970 entstanden, als bekannt wurde, daß die SGV bis auf die »Stadt Luzern« nach und nach die Dampfschiffe ausrangieren wollte; so wurde die **»Wilhelm Tell«** zum schwimmenden Restaurant am Luzerner Quai. Das Aktionskomitee führte einen hartnäckigen Kampf und erreichte den Durchbruch, als 1977 das DS **»Schiller«** in einer wahren Triumphfahrt in den Orten rund um den See Aktienpakete zwecks Kapitalerhöhung der privatwirtschaftlich organisierten SGV einsammelte: Mit 3,8 Millionen der 4,8 Millionen sFr neuen Aktienkapitals verfügten die Dampferfreunde von da an über eine

Das Verkehrsnetz ist dicht auf dem Vierwaldstätter See

Mehrheit. Für die **»Uri«** (1901), den ältesten Raddampfer der Schweiz, der 1994 seine zweite Jungfernfahrt antrat, brachten sie zwei Millionen sFr auf, für die Renovierung des 1928 als letztes für einen Schweizer See erbauten Dampfschiffes **»Stadt Luzern«** mit seinem Art-Deco-Salon 900 000 sFr, und auch das 1977 bereits stillgelegte DS **»Unterwalden«** (1902) machten sie mit einer 1,75 Millionen-Spende wieder flott. **»Schiller«** (1906, 1. Klasse-Salon im Jugendstil) und **»Gallia«** (1913), schnellstes Radschiff des Landes, vervollständigen die nostalgische Flotte,

neben der die SGV noch 15 Salon-Motorschiffe und einen Nauen auf die Reise schickt. Inzwischen haben die »Dampferfreunde« über 60 000 Mitglieder, und niemand denkt mehr daran, die Schiffsveteranen zu verschrotten.

Kreuz und quer über den See

Die klassische Seerundfahrt führt **von Luzern nach Flüelen** und damit auch durch den fjordartigen Urner See mit seinen steilen Felswänden, der sich bereits in den Hochalpen befindet. Für Hin- und Rückfahrt ohne Aufenthalt sind etwa sechs Stunden zu veranschlagen (im Winter ist die Reise nur an Sonn- und Feiertagen möglich). Neben der Luzern-Flüelen-Tour bildet die Strecke **Luzern-Alpnachstad** wegen der Pilatusbahn eine weitere Hauptroute der SGV. Die sehr schöne mit Stationen wie Meggenhorn, Greppen u. a. auch ideal als Zubringer für Wanderer, wird im Winter nicht betrieben, im Frühjahr und Herbst nur am Sonntag. In der Hauptsaison von Ende Mai bis Ende September geht's dann täglich zu diesen Zielen, ebenso von Küssnacht via Brunnen nach Flüelen oder von Luzern zur nahen Halbinsel Tribschen mit dem Richard-Wagner-Museum.

Die SGV-Schiffe – Kapazität 13 000 Passagiere, 3 200 Restaurationsplätze – stellen eine wichtige **Verbindung zu den Bergbahnen** dar, deren Talstationen oftmals nur wenige Meter vom Schiffsanleger entfernt sind: So erreicht man die Rigi von Vitznau (Schiffahrt ab Luzern 60 Minuten) oder Weggis (40 Minuten), den Pilatus ab Alpnachstad (80 Minuten), die Klewenalp von Beckenried (90 Minuten), Seelisberg via Treib (110 Minuten), den Bürgenstock von Kehrsiten (40 Minuten) und die Seebodenalp in Küssnacht (60 Minuten).

Desweiteren veranstaltet die SGV zahlreiche Sonderfahrten, z. B. Morgenfahrten mit Frühstücksbuffet, Sonnenuntergangs- und Abendrundfahrten sowie Night-Boat-Fahrten mit Musik, Tanz und Schweizer Folklore. **SGV-Information:** Werftstr. 5, 6002 Luzern, Tel. 041/40 45 45, Tischreservierung 40 45 40.

Karte: → Umschlag Rückseite

Populäre Wanderwege

Mit der 700-Jahr-Feier der Schweiz 1991 wurden gleich drei größere Routen eröffnet. Beliebt ist der **Weg der Schweiz**, der um den Urner See von Rütli über 35 Kilometer nach Brunnen führt. Jeder der 26 Schweizer Kantone war für ein Wegstück verantwortlich: Die Reihenfolge der Kantone ab Rütli bestimmt das Beitrittsjahr in den Bund der Eidgenossen, die jeweilige Wegstrecke die Einwohnerzahl, wobei ein Bewohner 5 Millimeter Weg bedeutet; Militär und Asylbewerber wurden für den Bau eingesetzt. Eine der schönsten Teilstrecken stellt die von Flüelen zur Tellskapelle dar, fünf Kilometer, zum Teil auf der nicht mehr benutzten alten Axenstraße durch Galerien und Tunnels, entlang der Felswand der Axenflue, 80 Meter hoch über dem Urner See. Den »Weg der Schweiz« bietet das Verkehrsbüro Brunnen als Packagetour an (3 Tage ab 172 sFr). Informationen: Wandertelefon »Weg der Schweiz«, Tel. 044/ 3 10 33. Der Führer »Weg der Schweiz/ Wandern am Vierwaldstätter See« ist bei der Schifffahrtsgesellschaft des Vierwaldstätter Sees erhältlich.

Die Fortsetzung des Weges der Schweiz ist der **Waldstätterweg**. Er verläuft von Brunnen über Küssnacht, Luzern, Beckenried, Stansstad zum Rütli, Länge 120 Kilometer, wobei zwölf Etappen mit jeweils 5 bis 15 Kilometer und einer Wanderdauer von jeweils zwei bis viereinhalb Stunden vorgesehen sind.

Der **Nidwaldnerweg** (82 Kilometer, 27 Stunden reine Wanderzeit) beginnt bei der Schiffsstation in Treib, verläuft über Emmetten, Niederrickenbach und das Engelberger Tal nach Engelberg, weiter auf der anderen Talseite nach Stans und bis St. Jakob/Ennetmoos. Information: Verkehrsbüro Stans, 6370 Stans, Tel. 041/ 61 88 33, Fax 61 88 66.

Karte: → Klappe vorne

Gemütlich geht's bergauf: fast immer wartet ein Berggasthof am Ziel

Rigi

Die Rigi mit der großartigen Rundsicht im Umkreis von 800 Kilometern ist im Frühjahr und Sommer als Aussichtsberg und Wanderparadies beliebt. Über 100 Kilometer Wanderwege (Sonderprospekt »Rigi-Wanderwunderberg«) bieten sich an. Einige Höhepunkte seien hier vorgestellt: Die einstündige Wanderung eins beginnt nach der Fahrt mit der Bergbahn ab Vitznau (oder von Arth-Goldau) in Rigi-Staffel (1 603 Meter), von wo aus man entlang der Bahnlinie Richtung Rigi-Staffelhöhe geht, zum Aussichtspunkt **Känzeli** (1 470 Meter) absteigt und auf einem ebenen Weg über die Felsenkapelle Rigi-Kaltbad mit seiner Station erreicht.

Wer nicht so hoch hinaus will, kann natürlich auch von Vitznau bis zur Station Rigi-Kaltbad fahren und von dort in etwa 10 Minuten zum Känzeli spazieren. Von **Rigi-Kulm** (1 800 Meter), dem Hauptgipfel der Rigi, eröffnet der sog. **bequeme Weg** traumhafte Ausblicke auf Zuger See, Lauerzer See und Vierwaldstätter See. Knapp über zwei Stunden dauert Wanderung zwei: Mit der Arth-Rigi-Bahn bis zur Talstation der Luftseilbahn Kräbel-Rigi-Scheidegg; von deren Bergstation u. a. über den Seeweg nach **Unterstetten** (Berggasthaus), wo noch das Viadukt der abgebauten Rigi-Scheidegg-Bahn zu sehen ist, die bis 1931 auf fast sieben Kilometer Strecke in Betrieb war. Auf der alten Bahntrasse zur Schildhütte und über den Felsenweg. Beim Restaurant Rigi-First wird nochmals die ehemalige Bahnlinie erreicht; Weiterfahrt ab Station First der Arth-Rigi-Bahn.

Etwa sechs Stunden benötigt man für das Teilstück des **Rigi-Lehnenwegs**, das mit der Hohlen Gasse zwischen Immensee und Küssnacht beginnt und über die Gesslerburg und das Gemeindegebiet von Greppen und Weggis bis Vitznau führt. Gratisbroschüren und -karten sind z. B. im Verkehrsbüro Weggis erhältlich.

Beliebtester Aussichtsberg der Region: die Rigi

Rigi
2 km
N
Wanderung 1
Wanderung 2
Rigi-Lehnenweg
Autobahn
Durchgangsstraßen
Top Ten
Sehenswerter Ort
Ausflugsziel
Aussichtspunkt
Ruine
Kirche
Sehenswürdigkeit
Seilbahn
Zahnradbahn
Weggis
Arth
Zuger See
Lauerzer See
Küssnachter See
Weggiser See
Küssnacht
Tellskapelle
Hohle Gasse
Gesslerburg
Seematt
Immensee
Ober Immensee
Fischchratten
Chlausenegg
Strick
Nasegg
Riedboden
Seebodenalp
1030 m
Seeboden
Chlösterli
Eichholteren
Greppen
Schlieri
Gribsch
Rigiblick
Rigi-Staffel
Station First
Rigi-Kulm
1797 m
Rigi
Rigi-Kaltbad
Rigi-Klösterli
Rigi-First
Känzeli
1470 m
Säntiberg
Unterstetten
Grubisbalm
Schildhütte
Kräbel
Rigi-Scheidegg
1662 m
Hinterbergen
Hochfluh
1699 m
Vitznau
Lauisegg
Riedsort
Oberarth
Goldau
Tennmatt
Sagenmattli
Gängiger-Berg
Goldauer Berg
Rigiaa
Fischchratten B.
Dorfbach
Rübibach
Trebbach
Lauerz
Schwanau
Büeler Berg
Schränggigen
Gold B.
Chlausen B.
Dierikon
Adligenswil
Talenbach
Sagenhof
Stöcken
Udligenswil
Haltikon
Merlischachen
Tschädigen
Meggen
Pfaffenbächli
Postunen
Zinnen
Hertenstein
N4
2
2b

Pilatus

Ein populäres Wanderziel, das außerdem gut durch Bahnen erschlossen ist, stellt der Pilatus dar. Wer mit der Luftseilbahn vom Gipfel hinab nach Fräkmüntegg fährt, kann von dort in etwa einer Stunde zur **Alp Mülimäs** und auf einem gut ausgebauten Weg nach **Kriensereggg** wandern, von wo die Weiterfahrt mit der Gondelbahn zur Talstation **Kriens** möglich ist.

Aufstieg: leicht oder klassisch

Als leichtester Weg zum Pilatus gilt, sieht man einmal vom Anstieg von den Chilchsteinen aus ab, die Route von **Lütoldsmatt** über **Obwaldnerfräkmünt** zum Pilatus. Als Wanderzeit sind etwa drei Stunden einzuplanen, wobei man Alpweiden passiert und die vielfältige Alpenflora beobachten kann.

Als klassischer und ungefährlicher Aufstieg zum Gipfel, der etwa fünfeinhalb Stunden in Anspruch nimmt, empfiehlt sich der Weg von **Alpnachstad** über **Aemsigen** zum Pilatus. (Die Strecke verläuft überwiegend im Wald, mehrmals trifft man auf die Trasse der Zahnradbahn.) Die Ausweichstelle Aemsigen ist dabei keine offizielle Haltestelle. Vor dem letzten steilen Wegstück unterhalb der Hotels ist eine Rast auf dem Sattel bei den Chilchsteinen am Fuße des Matthorns angebracht.

Topographische Wanderkarten für das Pilatusgebiet sind in den Talstationen und bei der Pilatus-Bahnen-Direktion in Luzern erhältlich.

Karte: → Klappe vorne

Steil bergauf geht es mit der Zahnradbahn auf den Pilatus

Beliebte Spaziergänge am Ufer

Entlang der Seeufer sind z. B. die Spaziergänge von **Weggis** nach **Hertenstein,** wo sich ehemals ein Schloß-Hotel befand, heute eine gepflegte Gastronomie einlädt, oder von **Kehrsiten** nach **Stansstad** beliebt (beide natürlich auch in umgekehrter Richtung möglich), Dauer jeweils eine Stunde. So lange dauert auch in etwa der »Strandbummel« auf dem Weg von **Ennetbürgen** nach **Buochs**.

Wer **Meggen** mit dem Schiff ansteuert, kann von dort zum beliebten Luzerner Ausflugsziel Hermitage gehen: über Bootshafen und Strandbad zum Meggener Ortsteil Angelfluh (mit schönem Seerestaurant), weiter nach Schloß Meggenhorn mit seiner »Kleinkathedrale« und der Christusfigur am Seeufer sowie zur **Hermitage** (etwa 75 Minuten, bis Luzern gesamt 140 Minuten). Für **Luzern** sollte man sich Zeit nehmen, auch für die sehr schönen **Seeuferwege**: ab Bahnhof über Schweizerhofquai, Nationalquai, Carl-Spitteler-Quai und General Guisan-Quai zum Lido bzw. Verkehrshaus. Von dort verkehrt im Sommer ein Motorbootkurs hinüber zur **Halbinsel Tribschen**. Ab Tribschen **(Richard-Wagner-Museum)** geht es auf der neuen Uferpromenade zurück zum Bahnhof, wobei man auch den Seepark und Inselipark passiert. Dauer ca. zwei Stunden insgesamt. Ein beliebter Spaziergang führt auf dem Bürgenstock über den berühmten **Felsenweg** zum Hammetschwandlift (rund eine Stunde).

Karte: → Klappe vorne

Der besondere Tip

Eine der originellsten Möglichkeiten, sich im Gebirge fortzubewegen, ist die **Postkutsche**. Von Juli bis September ist sie alle zwei Wochen mit fünf vorgespannten Pferden und acht Fahrgästen von Andermatt über die alte Gotthard-Paßstraße Richtung Süden unterwegs, einen bis fünf Tage (pro Person ab 566 sFr). Regelmäßige **Kutschfahrten** werden auf dem Weg der Schweiz von Flüelen nach Brunnen, durch das Delta der Reuss und im Talkessel von Schwyz veranstaltet. Auskunft für alle Touren: Verkehrsbüro Brunnen, 6440 Brunnen, Tel. 043/31 17 77, 31 39 39, Fax 31 17 78

Auskunft

Auskünfte erhalten Sie kostenlos von den jeweiligen Fremdenverkehrsbüros, deren Adressen und Telefonnummern Sie bei den einzelnen Orten (→ Service) finden. Weitere Informationen:

In der Bundesrepublik Deutschland:
Schweizer Verkehrsbüro
Unter den Linden 24
10117 Berlin
Tel. 030/201 20 50
Kasernenstr. 13
40213 Düsseldorf
Tel. 02 11/323 09 13
Kaiserstr. 23
60311 Frankfurt/M.
Tel. 069/256 00 10
Speersort 8/IV
20095 Hamburg
Tel. 040/32 14 69
Leopoldstr. 33
80802 München
Tel. 089/33 30 18
Prospektbestellung rund um die Uhr: Tel. 069/23 96 66

In Österreich:
Schweizer Verkehrsbüro
Kärntnerstr. 20
1015 Wien
Tel. 02 22/512 74 05

In der Schweiz:
Schweizerische Verkehrszentrale
Bellariastr. 38
8027 Zürich
Tel. 01/288 11 11

Am Vierwaldstätter See:
Zentralschweiz-Tourismus (früher Verkehrsverband Zentralschweiz)
Alpenstr. 1
CH-6002 Luzern
Tel. 041/51 18 91, ab 4.11.95
Tel. 410 18 91),
Fax 51 72 60

Behinderte

Ferienführer, Motel- und Campingführer und eine Information über behindertenfreundliche Ausflugsziele und Bergbahnen sind erhältlich bei: Schweizer Arbeitsgemeinschaft für Körperbehinderte (SAK), Feldeggstr. 71, 8032 Zürich, Tel. 01/251 05 31. Die Schweizerische Verkehrszentrale versendet »Informationen für behinderte Bahnreisende«.

Bevölkerung

Die Schweiz hat 6,7 Mio. Einwohner, davon 1,1 Mio. Ausländer. Die Einwohnerzahl der Kantone um den Vierwaldstätter See: Luzern 326 283 (größte Stadt: Luzern 58 739); Schwyz 113 553 (Schwyz 12 769); Uri 35 363 (Altdorf 8 241); Obwalden 29 712 (Sarnen 8 547); Nidwalden 34 344 (Stans 6 285); Zug 85 882 (Zug 21 623).

Die genannten Kantone bilden mit die Innerschweiz, doch liegt das Zentrum des Landes in politischer, wirtschaftlicher und kultureller Hinsicht im Dreieck Bern-Basel-Zürich. So sagt man denn den Bewohnern der Zentralschweiz z. T. nach, sie seien im Vergleich zu denen der Großstädte und deren Einzugsbereich nicht auf der Höhe der Zeit. Zwar hat der rege Tourismus die Gegend sehr belebt, doch hält man an Traditionen fest, gilt als bodenständig und konservativ, dies auch in den politischen Mehrheiten.

Camping

In dem Feriengebiet steht eine Vielzahl von Plätzen zur Verfügung. Doch ist der Andrang in der Hochsaison groß; es empfiehlt sich in jedem Fall, attraktive Plätze frühzeitig zu reservieren. Weitere Auskünfte, auch über die Klassifizierung der Plätze, gibt es beim
Verband Schweizerisches Camping (VSC)
Seestr. 119
3800 Interlaken
Tel. 036/23 35 23

Diplomatische Vertretungen

Deutsche Botschaft
Willadingweg 83
3006 Bern
Tel.031/359 41 41

Deutsches Generalkonsulat
Kirchgasse 48
8024 Zürich
Tel. 01/265 65 65

Österreichische Botschaft
Kirchenfeldstr. 28
3005 Bern
Tel.031/351 01 11

Österreichisches Konsulat
Hirschengraben 13
6003 Luzern
Tel. 041/23 41 82

Schweizerische Botschaft
Gotenstr. 156
53175 Bonn
Tel.. 02 28/81 00 80,
Fax 8 10 08 19

Schweizerische Generalkonsulate
Fürst-Bismarck-Str. 4
10557 Berlin
Tel. 0 30/94 40 21

Cecilien-Allee 17
40474 Düsseldorf
Tel. 02 11/43 46 01

Bockenheimer Landstr. 2
60323 Frankfurt/M.
Tel. 069/72 59 41

Daß die saftigsten Blätter auch immer so weit oben wachsen ...

Rathausmarkt 5
20095 Hamburg
Tel.0 40/ 32 15 81

Briennerstr. 14/II
80333 München
Tel. 0 89/2 86 62 00

Hirschstr. 22
70173 Stuttgart
Tel 07 11/29 39 95

Schreiberstr. 4
79098 Freiburg/i.B.
Tel. 07 61/3 66 42

Feiertage

Banken, Büros und Geschäfte haben an folgenden Feiertagen geschlossen, ebenso an den beweglichen Feiertagen: Karfreitag, Ostermontag, Auffahrt (Christi Himmelfahrt), Pfingstmontag, Fronleichnam, Eidgenössischer Bettag und St. Leodegar-Tag (nur in Luzern).

1. Jan. Neujahr
2. Jan. Berchtoldstag
6. Jan. Dreikönig
1. Mai Tag der Arbeit
1. Aug. Nationalfeiertag
15. Aug. Mariä Himmelfahrt
1. Nov. Allerheiligen
8. Dez. Mariä Empfängnis
25. Dez. Weihnachten
26. Dez. Stephanstag

Geld

Die Schweizer Währung gilt als sehr stabil. Wechselkurs bei Redaktionsschluß: 100 sFr entsprechen 121,60 DM und 884,40 öS. **Öffnungszeiten** der Banken in den Städten: Mo–Mi, Fr 8.30–16.30, Do 8.30–18.30 Uhr; auf dem Lande: Mo–Fr 8.30–12 und 14–16.30 bzw. 17.30 Uhr

Geldwechsel Bahnhof Luzern: Mai–Okt. Mo–Fr 7.30–20.30, Sa–So 7.30–19.30 Uhr; Nov.–April Mo–Sa 8–18, So 9–18 Uhr, Bargeldbezug an Automaten möglich. Mit **Eurocheque** sind maximal 360 sFr erhältlich. Von **Postsparbüchern** können pro Tag maximal 1 000 DM und innerhalb 30 Tagen 2 000 DM abgehoben werden (Ausweis erforderlich). Die meisten Geschäfte, Hotels und Restaurants sowie die Schweizerischen Bundesbahnen (SBB) akzeptieren **Kreditkarten**. Bei der Ein- und Ausreise dürfen **Devisen** in beliebiger Höhe mitgeführt werden.

Jugendherbergen

Die Übernachtung in einer der neun Jugendherbergen kostet pro Person zwischen 15 und 25 sFr. Voraussetzung ist ein gültiger internationaler Jugendherbergsausweis. In der Hauptsaison ist Voranmeldung unbedingt anzuraten. Auskunft über Anschriften etc. erhält man bei:
Schweizer Jugendherbergen
Postfach
3001 Bern
Tel. 031/24 55 03, Fax 23 66 71

Literatur

Eglin, Gebrüder (Hrsg.): Der Vierwaldstätter See mit seinen klassischen Ufern. Luzern 1837 (Reprint des Luzerner Antiquariats)

Fässler, Doris, u. a.:
Schloss Meggenorn. Meggen 1986.

Frisch, Max: Wilhelm Tell für die Schule. Frankfurt/M. 1991.

Iten, Karl: Uri, die Kunst- und Kulturlandschaft am Weg zum Gotthard. Altdorf 1992.

Müller, Hans Georg: Literaturreisen: Mit Wilhelm Tell um den Vierwaldstätter See. Stuttgart 1990.

Pilatus-Bahn-Gesellschaft (Hrsg.): Der Pilatus zwischen Mystik und Tourismus. Luzern 1989.

Riedler, Michael: So veränderte sich Luzern. Luzern 1993.

Twain, Mark: Bummel durch Europa. Frankfurt/M. 1985.

Verlag Dampferzeitung (Hrsg.): Unsere Flotte Vierwaldstätter See. Luzern 1987.

Zehnder, J. N.: Der Goldauer Bergsturz. Goldau 1988.

Zurfluh, Kurt: Urner Reiseverführer. Altdorf 1980.

Sehr zu empfehlen sind die Hefte »Schweizerische Kunstführer«, Verlagsprogramm: Gesellschaft für Schweizerische Kunstgeschichte, Pavillonweg 2, 3012 Bern.

Medizinische Versorgung

Deutsche Krankenkassen erstatten ihren Mitgliedern die in der Schweiz entstandenen Kosten; über Einzelheiten informieren die Kassen. Für Österreicher empfiehlt sich der Abschluß einer privaten Krankenversicherung, da kein entsprechendes Abkommen besteht.

Notruf

Telefonnummern für Notfälle: **Polizei** 117, **Feuerwehr** 118, **Krankenwagen** 144, **Pannendienst** 140, **Schweizerische Rettungsflugwacht** 01/383 11 11.

Politik

Ein Bund von 26 Kantonen und Halbkantonen bildet die Schweiz. Als Parlament (Bundesversammlung) fungieren Nationalrat (200 Abgeordnete) und Ständerat (46 Abgeordnete der Kantone). Oberste ausführende Behörde ist der Bundesrat.

In der Innerschweiz dominieren die bürgerlich-konservativen Parteien wie Christlich Demokratische Volkspartei (CVP) und Liberale Partei (LP), in der Stadt Luzern z. B. die LP, im Kanton Luzern die CVP; bei den letzten Nationalratswahlen dort erreichten die Sozialdemokratische Partei (SP) und das Grüne Bündnis (GB) je einen von neun Sitzen (Wahlbeteiligung 50,5 Prozent). Hauptstadt (Bundesstadt) ist Bern.

Post

Hauptpost Luzern beim Bahnhof: **Öffnungszeiten:** Mo–Fr 7.30– 18.30, Sa 8–11 Uhr. Auf dem Lande werden die Postämter mittags meist geschlossen. Porto für Postkarte oder Brief nach Deutschland und Österreich: eilige Sendung (Briefbeförderungsdauer 3–5 Tage) bis 20 g 1 sFr, bis 50 g 1,80 sFr (mit »A Prioritaire« kennzeichnen). Nicht eilige Sendung (mehr als 5 Tage Beförderungsdauer) bis 20 g 80 Rappen, bis 50 g 1 sFr. Bei Sendungen in die Schweiz ist der Postleitzahl das Kürzel CH vorauszustellen.

Reisedokumente

Zur Einreise wird ein **Personalausweis** oder ein **Reisepaß** benötigt (beide dürfen weniger als ein Jahr abgelaufen sein). Für Kinder unter zehn Jahren genügt ein Kinderausweis ohne Foto, bis zum 16. Lebensjahr mit Foto. Österreichische Reisedokumente dürfen bis zu fünf Jahre abgelaufen sein. Um aber reibungslos die Grenze zu passieren, sollte man lieber mit gültigen, rechtzeitig verlängerten Dokumenten auf die Reise gehen. Autofahrern empfiehlt der ADAC die Mitnahme der **grünen Versicherungskarte**.

Reisewetter

Schon Ende April kann es an der sonnenverwöhnten »Riviera des Vierwaldstätter Sees« zwischen Weggis und Gersau an der Südseite der Rigi recht angenehm sein. Mai und September gelten ebenso wie der Sommer als gute Reisezeit (die Hauptsaison währt von Ostern bis Ende Oktober), wobei die Zentralschweiz auch bekannt für mehr Niederschläge und Bewölkung als der Rest der Schweiz ist. Im Winter wird die Rigi zum Ziel vieler Tausende, als »Sonneninsel über dem Nebelmeer«. Außerhalb der Hauptreisezeit sind eine ganze Reihe Hotels und Restaurants in den Ferienorten geschlossen (Ausnahmen: Luzern und die Wintersportorte).

Rundflüge

Rundflüge ab 120 sFr über Seen und Alpen bietet an:
Jakob Seeholzer
Merlischachen bei Küssnacht
Tel. 041/37 32 92

Rundfunk/Fernsehen

Neben dem Schweizer Fernsehprogramm (SRG) in den drei Landessprachen können via Kabel oder Satellit vielerorts ARD, ZDF, Privatprogramme, die italienische RAI u. v. a. m. empfangen werden, ebenso ausländische Rundfunksender. DRS-Radio-Nachrichten werden stündlich ausgestrahlt. Programme für jüngere Hörer: DRS 3, Radio Pilatus, Radio Sunshine Zug.

Sprache

In der Zentralschweiz wird Schweizerdeutsch gesprochen, das sich in zahlreiche Dialekte gliedert. Offizielle Landessprachen sind Deutsch, Französisch und Italienisch.

Die genauen Klimadaten am Beispiel von **Luzern**:

	Durchschnittstemperaturen in °C		Sonnenstunden	Regentage
	Tag	Nacht	pro Tag	
Januar	2,0	-3,5	1,3	11
Februar	4,3	-2,7	2,5	10
März	10,0	0,6	4,0	10
April	14,5	4,4	5,0	11
Mai	18,6	8,5	6,3	13
Juni	21,9	12,1	5,8	14
Juli	23,9	14,0	6,7	14
August	23,1	13,6	6,2	14
September	19,4	10,6	4,8	11
Oktober	12,7	5,6	2,9	10
November	6,7	1,4	1,4	10
Dezember	2,7	-1,9	1,3	10

Quelle: Deutscher Wetterdienst, Offenbach

Telefon

Öffentliche Telefonzellen gibt es bei allen Postämtern. Mindesteinwurf bei Münzsprechern sind zwei 20-Rappen-Münzen. Nach der Vorwahl wählt man die Ortskennzahl ohne die erste 0, danach die Nummer des Teilnehmers.

Vorwahlnummern:
D → CH 00 41
A → CH 0 50
CH → D 00 49
CH → A 00 43

Wichtige Telefonnummern:
Auskunft 1 11, Internationale Auskunft 1 91, Auskunft Deutschland/Österreich 1 92, Zeitansage 1 61, Wetter 1 62, Straßenzustand 1 63

Trinkgeld

Das Trinkgeld ist in den Dienstleistungen inbegriffen. Ist man mit dem Service sehr zufrieden, rundet man den Betrag auf.

Wirtschaft

Der Tourismus ist nach der Maschinenindustrie und der Textilbranche der führende Wirtschaftszweig in der Schweiz. In der Zentralschweiz stellt der **Tourismus** den wichtigsten Gewerbezweig dar. Es gibt weiter eine Reihe größerer Firmen, so die Pilatus-Flugzeugwerke in Nidwalden oder Schindler-Aufzüge in Ebikon, sowie Betriebe für Elektronik/Steuerungen und die Herstellung von Traglufthallen. Die Arbeitslosenrate in den Kantonen rund um den Vierwaldstätter See liegt deutlich unter 4 Prozent.

Zeitungen

Die beiden größten lokalen Tageszeitungen sind die »Luzerner Zeitung« und die »Luzerner Neueste Nachrichten«. Ausländische Tages- und Wochenzeitungen sowie Magazine sind in der Regel am Tag des Erscheinens erhältlich.

Zoll

Bei der Einreise in die Schweiz gelten **kleinere Zollfrei-Mengen als in EU-Ländern**. Zollfrei sind u. a. Geschenke im Wert bis 100 sFr (Personen unter 17 Jahre 50 sFr), 200 Zigaretten (Mindestalter 17 Jahre), 2 Liter Bier bzw. Wein, 1 Liter Spirituosen. Verboten ist die Einfuhr von Schweinefleisch aus südlichen Ländern. Bei Haustieren muß für Hunde und Katzen ein tierärztliches Zeugnis für die Tollwutschutzimpfung vorgelegt werden (Impfung mindestens 30 Tage vor Einreise, die Imfpung darf nicht länger als ein Jahr zurückliegen). Falls die Impfung innerhalb von 12 Monaten wiederholt wurde, ist eine Einreise möglich. Autotelefone müssen an der Grenze angemeldet werden. Über die aktuellen Einfuhrbestimmungen informiert die

Eidgenössische Oberzolldirektion
Monbijoustr. 40
3003 Bern
Tel. 031/61 61 11.

8 000–4 000 v. Chr.
Anwesenheit von Menschen im Raum Luzern, Siedlungen am Vierwaldstätter See und am Zuger See.

4. Jh. v. Chr.
Kelten leben im Gebiet des Vierwaldstätter Sees (Goldschatz von Erstfeld in Uri 1962 entdeckt).

15 v. Chr.
Helvetien gehört zum römischen Reich.

um 750
Stiftung des Benediktinerklosters Luzern.

840
Erste urkundliche Erwähnung Luzerns als Luciarai.

943
Errichtung des Klosters Einsiedeln durch schwäbische Herzöge (Weihe der Kirche 948).

1178
Stadtrecht für Luzern.

um 1220/1230
Öffnung der Schöllenenschlucht und des Gotthardpasses als wichtiger Nord-Süd-Transitweg.

1231
Uri wird reichsunmittelbar, Selbstverwaltung durch Landammann.

1240
Reichsunmittelbarkeit durch Kaiser Friedrich II. für Schwyz.

1291
Uri, Schwyz und Unterwalden schließen sich in Erneuerung eines älteren Bundes in einem Landfriedensbündnis zusammen – Ursprung der Eidgenossenschaft (»Ewiger Bund«).

1315
Schlacht von Morgarten, die Eidgenossen besiegen das österreichische Heer. Der Alte Bund der Eidgenossen wird in Brunnen erneuert.

1332
Luzern schließt sich dem Bund der Waldstätte an und wird die erste Stadt der Eidgenossenschaft.

1353
Es besteht ein Bund der acht »alten Orte« nach dem Beitritt von Zürich, Glarus, Zug (1352) und Bern.

1386
Habsburger Niederlage gegen die Eidgenossen in der Schlacht bei Sempach.

1499
Mit dem Frieden von Basel löst sich die Schweiz vom Reich (de jure 1648 im Westfälischen Frieden).

1515
Schweizer Niederlage bei Marignano/Oberitalien beendet die Möglichkeit einer Großmachtrolle in Europa.

1798
Sog. Franzoseneinfall, 414 Nidwaldener kommen ums Leben.

1798
Luzern kurzfristig Hauptstadt der Helvetischen Republik.

1799
Aufstand in Uri gegen die französische Besatzung und die helvetische Verfassung scheitert.

1803
Napoleon erzwingt Neuordnung des Landes, Beginn einer demokratischen Entwicklung.

1804
Schillers »Wilhelm Tell« hat in Weimar Premiere.

1806
Goldauer Bergsturz, 457 Todesopfer.

1815
Wiener Kongreß: »Anerkennung und Gewährung der immerwährenden Neutralität« der Schweiz durch die europäischen Mächte.

1826–30
Bau der ersten Gotthardstraße anstelle des Saumweges.

1837
Die im Vorjahr gegründete Dampfschiffahrtsgesellschaft des Vierwaldstätter Sees beginnt ihren Betrieb.

1848
Kantone verzichten auf nationale Souveränität, Bundesverfassung, Gründung des Bundesstaates.

1862–65
Bau der Axenstraße, »Europas schönster Straße«, von Brunnen nach Flüelen.

1871
Europas erste Bergbahn verkehrt von Vitznau auf die Rigi.

1875
Arth-Goldau-Bahn zur Rigi.

1882
Fertigstellung der Gotthardbahn.

1889
Betriebsbeginn der steilsten Zahnradbahn der Welt zum Pilatus.

1893
Eröffnung Stanserhornbahn, damals längste Standseilbahn der Welt.

1940
Rütlirapport von General Guisan vor den 500 höchsten Schweizer Offizieren: Aufruf zur Landesverteidigung.

1942
Anlage der Festung Fürigen bei Stansstad abgeschlossen.

1947
Niklaus von Flüe wird als erster Schweizer heiliggesprochen.

1959
Verkehrshaus der Schweiz in Luzern eröffnet.

1961
Brand des Grand Hotel Kaltbad auf der Rigi, 11 Tote.

1971
Großbrand vernichtet den Bahnhof Luzern (Neubau 1991 eröffnet).

1971
Volles Stimmrecht für Frauen in der Schweiz.

1980
Eröffnung des Gotthard-Straßentunnels (16,9 km).

1991
700-Jahr-Feier der Eidgenossenschaft, Weg der Schweiz eröffnet.

1993
Brand der Luzerner Kapellbrücke (1994 wiedereröffnet).

1994
Schirmerturm der Museggmauer Luzern brennt aus.

1994
Luzerns Bevölkerung beschließt den Bau eines neuen Kultur- und Kongreßzentrums bis zum Jahr 2001.

ORTS- UND SACHREGISTER

Hier finden Sie die in diesem Band beschriebenen Orte und Ausflugsziele. Außerdem enthält das Register wichtige Stichworte, landessprachliche Bezeichnungen sowie alle Tips dieses Reiseführers. Wird ein Begriff mehrfach aufgeführt, verweist die **fett** gedruckte Zahl auf die Hauptnennung. Die **Buchstaben-Zahlen-Kombinationen** nach den Seitenangaben verweisen auf die Planquadrate der Karten.

An unsere Leserinnen und Leser:

Wir freuen uns, Ihre Meinung zu diesem Reiseführer zu erfahren. Bitte schreiben Sie uns, wenn Sie Berichtigungen und Ergänzungsvorschläge haben oder wenn Ihnen etwas besonders gut gefällt:

Gräfe und Unzer Verlag
Reiseredaktion
Stichwort: MERIAN live!
Postfach 40 07 09
Isabellastraße 32
80707 München

Lektorat: Hildegard Knill
Bildredaktion: Christof Klocker
Kartenredaktion: Markus Röleke

Gestaltung: Ludwig Kaiser
Umschlagfoto: Ch. Heeb/Urner See
Karten: Kartographie Huber
Produktion: Helmut Giersberg
Satz: A. v. Sohlern
Druck und Bindung: Appl, Wemding
ISBN 3-7742-0376-8

Fotos:
J. Bindrim/laif 5, 7, 11, 12, 17, 18, 21, 22, 23, 25, 27, 30, 31, 35, 36, 42, 50, 52, 55, 56, 58, 59, 63, 65, 67, 75, 88, 92/93, 94, 97, 99, 107, 111, 112
G.M. Cordes 66, 84, 91
M. Hannwacker 71, 77, 78, 86, 95
Ch. Heeb 2, 45, 51, 109, 114, 117
D. Schröder 28, 32, 104/105
W. Storto 69, 82
E. Wrba 4, 8, 15, 19, 39, 41, 47, 87, 102

Dieses Buch wurde auf chlorfreiem Papier gedruckt

1. Auflage 1995